性暴力被害の実態と刑事裁判

性暴力被害の実態と刑事裁判

日本弁護士連合会両性の平等に関する委員会 編
（編集代表　角田由紀子）

信山社

はじめに

角田由紀子

　国際的な観点から見た日本女性の地位がいかに低いかは，毎年の世界経済フォーラムの男女平等度報告（The Global Gender Gap Report, GGG）が表わしている。2014年のそれは2014年10月28日付で発表された。報道によれば，日本は142か国中なんと104位であった。2013年は136か国中105位であったが順位が1番上がったというものではあるまい。このニュースはいつもは小さな記事でしか報道されず注目されないものであった。ところが，2014年9月に安倍第2次改造内閣（当時）が女性の活躍法案などにより女性の輝く社会をとのキャンペーンを行ったため，メディアは必然的に日本の女性の国際的な地位についても触れざるを得なくなったようで，104位であることがたびたび報道された。

　日本の女性の地位が国際的に注目されているのは，GGGだけではない。国連の女性差別撤廃委員会（CEDAW）は，4年毎に締約国に女性差別撤廃条約の締約国からの条約実施状況の報告を求めている。直近の日本からの報告は，2009年の報告である。CEDAWは，締約国からの報告に対して，建設的対話として，改善のための意見を述べる。2009年報告に対しての総括所見は，13〜59パラグラフにわたる厳しいものであった。その中で，女性に対する暴力に関しては，深刻な助言がされている。パラグラフ31から38がそれである[1]。

　パラグラフ32には以下のことが記載されている。「……締約国は，DV及び性暴力の通報を容易にするために必要な措置を取るべきである。委員会は，弱い立場にある女性たちを対象とする包括的な意識啓発プログラムを全国的

---

[1]　外務省のHPで総括所見は確認できる。本書では，総括所見の翻訳は，国際女性の地位協会の翻訳によっている（「コンメンタール女性差別撤廃条約」544頁〜545頁，尚学社，2010年）。

はじめに

に実施するよう締約国に勧告する。委員会は，公務員，特に警察官，裁判官，医療従事者，ソーシャル・ワーカーなどが，関連法規を熟知し，女性に対するあらゆる形態の暴力に敏感であり，被害者に適切な支援が提供できることを確保するよう要請する。……」

　パラグラフ 33 は以下のようにのべている。「委員会は，性暴力が刑法において，被害者の告訴によってのみ起訴されること，今なお道徳に反する犯罪とみなされていることを懸念する。強かんの刑事罰が軽いままであること，近親かんや婚姻内強かんが刑法上の犯罪として明示的に定義されていないことに，引き続き懸念を有する。」

　パラグラフ 34 には以下の記載がある。「委員会は，締約国が，被害者の告訴を訴追要件とする規定を刑法から削除すること，身体の安全及び一体性への女性の権利を侵害する犯罪として性暴力を定義すること，強かん罪の刑罰を引き上げること，近親かんを犯罪として規定することを締約国に強く要請する。」

　さらに国連の自由権規約委員会でも，日本の性暴力犯罪の司法での扱い方は繰り返し問題にされ，改善のための最終見解が出されている。因みに，2014 年 7 月 23 日，ジュネーブで行われた日本報告審査に対する最終見解の関連部分（ジェンダーに基づく暴力及びドメスティック・バイオレンス）は以下の通りであった。「委員会の前回の勧告（CCPR/C/JPN/CO/5,paras14and 15）に沿って，締約国は，第 3 次男女共同参画基本計画によって策定されたように，職権による強姦及び他の性的暴力の犯罪を訴追し，一日も早く性交同意年齢を引き上げ，強姦罪の構成要件を見直すための具体的行動をとるべきである。締約国は，同性カップルのものを含む全てのドメスティック・バイオレンスの報告が完全に調査されること，加害者が訴追され，有罪であれば，適切な制裁によって罰せられること，緊急保護命令が与えられること及び性的暴力の被害者である移民女性が在留資格を失わないようにすることを含め，被害者が適切な保護にアクセスできることを確保するための努力を強化すべきである。」[2]

---

(2)　同じく外務省の HP で確認できる。

はじめに

　これらの国際的な日本批判状況に照らすまでもなく，国内での性暴力被害者に関わる仕事をしてきた弁護士として，私たちが日常的に感じてきたことは，この国では性暴力被害は他の犯罪と同じようには扱われず，被害者は司法による救済を求めることが極めて困難であるという実態があること，刑事司法におけるジェンダー・バイアスは刑事司法を歪めることはもちろん，被害者に2次被害を与えているという事実である。犯罪が犯罪として適切に扱われないことは，社会にその「犯罪」を軽視してもよいという明確なメッセージを発することであり，さらなる犯罪を誘発する結果になる。

　これらの問題の根底には，さまざまな理由がある。中でも重要なことは，そもそも刑法177条が持つ恐るべき後進性であり，女性の人権に留意しないその姿勢である。これは同法条が1907年に制定され，その後基本的な考え方についても見直しがされずに今日に至っているということに象徴的に表れている。司法関係者は，この後進性にさまざまに影響されてきていると言っても過言ではあるまい。いうまでもなく，1907年のわが国憲法は，家父長制社会の基礎をなしていたいわゆる明治憲法であり，女性の人権はもとより，基本的人権の存在そのものが法的に保障されていなかった。女性は選挙権もなく，立法に関与することはできなかった。法学部で学ぶこともほとんど不可能であった。女性が当時の司法試験（高等文官司法科試験）の受験を認められたのは1933年で，女性3名の初合格は1938年のことであった。それ以前は，受験資格は明文で「男子タルコト」とされ，女性は法律によって司法への関与を否定されていた。このようにして，現行憲法施行まで，女性は，政治，経済，法律（弁護士以外）などのあらゆる公的世界から「合法的に」排除されてきた。この事実が，女性が被害者となる（現行刑法上は女性のみが強姦罪の被害者である）ことの多い，性暴力犯罪の司法での扱い方を，女性にとって著しく人権侵害的なものにしてきた。当事者である女性を排除したところで，女性の重大な人権侵害が扱われてきたわけである。

　現在の性暴力に関する刑事司法は，残念ながらこの負の歴史をさまざまに背負ったままであり，女性被害者は司法にその救済を求めることが困難であり，求めても救済される保障がない。さらに，性被害を受けた男性は，強姦

はじめに

相当行為であっても強制わいせつの被害者としてしか法的救済の対象にされていない。

　憲法の人権保障規定が性暴力に関する刑事司法の場でも機能し，真に人権が保障されるには，どのような改善がなされねばならないのか，本書では，刑事司法の実務に焦点を当てて検討した。本書は，このような問題意識で行われた日弁連両性の平等に関する委員会主催のシンポジュウム「司法におけるジェンダーバイアス～性暴力被害の実態と刑事裁判の在り方～」(2014年6月開催）に基づいているが，出版にあたり，さらに論点を加えている。

　なお，2014年10月末から法務省で「性犯罪の罰則に関する検討会」が開始された。そこでは，刑法177条を中心に問題点が多岐にわたり検討されている。しかし，刑法177条が改正されたとしてもそれで問題が解決するわけではないことは明らかだ。司法関係者の性暴力に対する認識を改め，被害者の人権を守るためには，何が必要か，実務における改善点も含めて幅広く考えたい。そのためには，ジェンダーの視点で現状を見直し，関連分野の知見をも受け入れ，弁護士としてなすべきことを考えることが必要である。

　2015年9月

目　次

はじめに〔角田由紀子〕

第1編　性暴力被害の実態

第1章　データからみる性暴力被害の実態
　　　　——判決で描かれる性暴力被害と実態との乖離 ……〔吉田容子〕… 3

1　データからみる性暴力被害の実態 …………………………………… 3

　❶　性暴力被害は暗数が多い ………………………………………… 3
　　(1)　強姦・強制わいせつの認知・検挙状況（3）
　　(2)　相当に高い暗数の存在（4）
　❷　被害者からみた性暴力被害の実態 …………………………… 7
　　(1)　内閣府男女共同参画局「男女間における暴力に関する調査」（7）
　　(2)　内閣府男女共同参画局「パープルダイヤル〜性暴力・DV電話相談〜集計結果」（8）
　❸　性犯罪の被害者の被害実態と加害者の社会的背景 ………… 9
　　(1)　内山の調査研究（9）
　　(2)　被害者 204 名の被害状況（9）／(3)　被疑者 553 名の状況（11）
　❹　精神医学からみる被害の実情 ………………………………… 12
　❺　強姦神話の蔓延 ………………………………………………… 13
　　(1)　法律家の自覚の必要性と経験則（13）
　　(2)　強姦神話（14）
　　(3)　「思い込み」が判決の基礎に（15）

2　判決で描かれる性暴力被害と実態との乖離 ………………………… 15

　❶　小田急事件——最高裁第 3 小法廷判決 H21.4.14 …………… 15
　　(1)　公訴事実の要旨（15）／(2)　争いのない事実（15）／(3)　争点（16）／(4)　原審等の判断（16）／(5)　最高裁の判断（17）／

ix

目　次

　　　(6)　検討（18）
　❷　千葉事件 ── 最高裁第 2 小法廷判決平成 23.7.25 ………………… 28
　　　(1)　公訴事実の要旨（28）／(2)　争いのない事実（28）／(3)　争点（29）／(4)　原審等の判断（29）／(5)　最高裁の判断（30）／(6)　検討（32）
　❸　おわりに ……………………………………………………………………… 40

第 2 章　精神科医から見た性暴力被害の実態 ………〔宮地尚子〕… 41

　❶　はじめに ……………………………………………………………………… 41
　　　(1)　性暴力対策の遅れ（41）／(2)　性暴力被害者にとっての司法と回復（42）／(3)　本稿の目的（43）
　❷　性暴力被害の実態と影響 …………………………………………………… 45
　　　(1)　事件の最中と直後の反応（45）／(2)　トラウマ後の反応（47）／(3)　反応の性差（54）
　❸　トラウマの重傷化と沈黙の悪循環 ………………………………………… 56
　　　(1)　性暴力と PTSD の発症率（56）／(2)　被害者はなぜ話そうとしないのか ── 沈黙のうちにトラウマが重傷化していく理由（57）／(3)　わたしたちはなぜ被害者を黙らせてしまうのか ── 性暴力被害への偏見と誤解（62）
　❹　今後の課題 …………………………………………………………………… 66

第 2 編　性暴力被害と刑事裁判

第 3 章　性犯罪捜査の問題点 ── 検察官の経験から ‥〔田中嘉寿子〕… 73

　❶　はじめに ……………………………………………………………………… 73
　❷　事例 1　成人女性が自宅で被害に遭った場合 …………………………… 74
　　　(1)　事件概要（74）／(2)　被害申告経緯（75）／(3)　警察における捜査経緯（76）／(4)　検察官による捜査（80）／(5)　示談交渉（83）／(6)　公判前整理手続（84）／(7)　証人尋問（85）／(8)　被害者参加（87）
　❸　事例 1 から浮かぶ捜査の問題点 …………………………………………… 87

目　次

　　(1)　捜査初期段階からの被害者支援の必要性（87）／(2)　被害者に配慮した物的設備の改善（88）／(3)　被害者の取調べに関するマニュアル・研修の必要性（88）／(4)　被害者供述の信用性の判断基準（96）

❹　事　例　2 ……………………………………………………………… 97

❺　事例2から浮かぶ捜査上の問題点……………………………………… 98
　　(1)　児童相談所における性的虐待の調査と警察による捜査の違い（98）／(2)　性的虐待事案における多機関連携の必要性（99）／(3)　司法面接法の応用とその問題点（100）／(4)　性的虐待事件の捜査における多機関連携の有用性（101）

第4章　事実認定における経験則とジェンダー・バイアス
　　　　──2つの最高裁判決の事例を中心に …………〔神山千之〕… 105

❶　司法における経験則とジェンダー・バイアス ……………………… 105
　　(1)　はじめに（105）／(2)　各判決の事案の概要等（106）／(3)　小田急事件最判，千葉事件最判における破棄判断の形式（107）／(4)　経験則についての千葉事件最判の考え方（107）／(5)　経験則についての小田急事件最判の考え方（109）

❷　事例の具体的検討 ……………………………………………………… 109
　　(1)　小田急事件最判（109）／(2)　千葉事件最判（123）

❸　ジェンダー・バイアスを克服するための手だて …………………… 129
　　(1)　一般的知識の習得（研修等）（129）／(2)　具体的事件における手だて（131）

❹　ま　と　め──2つの最高裁判決の積極的意義 …………………… 132

【参考文献】

第5章　アメリカにおける性刑法の改革 ……………〔斉藤豊治〕… 135

❶　コモンローの強姦罪とその批判 ……………………………………… 135
　　(1)　コモンローの強姦罪（135）／(2)　模範刑法典における微温的な改革（136）／(3)　1970年代以降の改革（137）

❷　ミシガン州の性刑法改革 ……………………………………………… 137

目　次

　　　　(1)　ミシガン州の旧法（137）／(2)　ミシガン州の改正の骨子（138）／(3)　ミシガン州の性刑法の犯罪類型（139）

❸　アメリカにおける性刑法の改革 ………………………………………… 145
　　　　(1)　性犯罪の定義の改正（145）／(2)　暴力犯罪としての位置づけ（145）／(3)　不同意性交の処罰（147）／(4)　性中立化（147）／(5)　コモンローにおける証拠法則（147）／(6)　レイプ・シールド法（148）／(7)　同意年齢をめぐる改革（149）／(8)　法定刑の改革（149）

❹　アメリカの性刑法改革の課題：不同意性交の犯罪化を中心に …… 149
　　　　(1)　論文の概要（150）／(2)　不同意性交の犯罪化の必要（151）／(3)　欺罔による同意性交の犯罪化（152）／(4)　強姦神話と欺罔（153）

❺　改革の効果に関する評価研究 ………………………………………… 154
　　　　(1)　改革の評価研究（154）／(2)　事件処理が変わっていないとするもの（155）／(3)　事件処理が変わったとするもの（156）／(4)　人々の意識の変化（157）／(5)　顔見知りの間でのレイプ（157）

❻　日本法への示唆 ………………………………………………………… 158
　　　　(1)　日本における最近の法改正（158）／(2)　日本法への示唆（158）

第3編　ま　と　め

第6章　日本の法曹に対するジェンダーに関する継続教育の必要性 ……………………………………………〔南野佳代〕… 163

❶　はじめに──ジェンダーに関しても公平な司法を求めて ………… 163

❷　法曹に対するジェンダー研修の必要性と意義 …………………… 166
　　　　(1)　法曹に対する継続教育の位置づけ（166）／(2)　法曹に対するジェンダー研修の位置づけ（169）

❸　各国法制度におけるジェンダーに関する法曹継続教育の位置づけ ……………………………………………………………………… 171
　　　　(1)　大陸法国（171）／(2)　英米法国（173）／(3)　法継受国

(175)

　❹ ジェンダー研修の内容と方法 ………………………………… 176
　　(1) 司法におけるジェンダーバイアス（176）／(2) 社会的文脈研修の一部としてのジェンダー研修（178）
　❺ お わ り に ……………………………………………………… 179

第7章　性犯罪事件の刑事弁護活動 ……………〔宮村啓太〕… 181
　❶ 弁護人の責務と性犯罪事件の特殊性 ………………………… 181
　❷ 裁判員裁判事件における弁護人の主張の評価例 …………… 182
　　(1) 福岡地裁平成23年5月13日判決（183）
　　(2) 大阪地裁平成22年3月17日判決（183）
　　(3) 千葉地裁平成22年4月23日判決（183）
　❸ 被害者とされる証人の供述経過を検討する際の留意点 …… 184
　❹ 結　　び ……………………………………………………… 185

あ と が き〔角田由紀子〕

資料【性犯罪被害に関する事例一覧】(189)

性暴力被害の実態と刑事裁判

第1編

性暴力被害の実態

第1章
データからみる性暴力被害の実態
―― 判決で描かれる性暴力被害と実態との乖離

吉田 容子

1 データからみる性暴力被害の実態

❶ 性暴力被害は暗数が多い

(1) 強姦・強制わいせつの認知・検挙状況[1]

警察庁によれば，強姦の認知・検挙状況の推移は表1のとおりである。認知件数は，2011（平成23）年までの減少傾向から2012（平成24）年には増加に転じ，2013（平成25）年は1410件となった。検挙率は，過去10年で18%上昇し，ここ6年間は80%を超えているが，なお10数%は未検挙である。

強制わいせつの認知・検挙状況の推移は表2のとおりである。こちらも，認知件数は2012（平成24）年以降増加に転じ，2013（平成25）年は7672件となった。検挙率は，過去10年で約12%上昇したが，それでも50%強にすぎず，なお50%近くは未検挙である。

表1

年次 区分	16	17	18	19	20	21	22	23	24	25
認知件数（件）	2,176	2,076	1,948	1,766	1,582	1,402	1,289	1,185	1,240	1,410
検挙件数（件）	1,403	1,443	1,460	1,394	1,326	1,163	1,063	993	1,097	1,163
検挙人員（人）	1,107	1,074	1,058	1,013	951	918	803	768	858	937
検挙率（%）	64.5	69.5	74.9	78.9	83.8	83.0	82.5	83.8	88.5	82.5

---

(1) 平成26年警察白書4頁。

第1編　性暴力被害の実態

表2

区分＼年次	16	17	18	19	20	21	22	23	24	25
認知件数（件）	9,184	8,751	8,326	7,664	7,111	6,688	7,027	6,870	7,263	7,672
検挙件数（件）	3,656	3,797	3,779	3,542	3,555	3,563	3,637	3,550	3,946	3,967
検挙人員（人）	2,225	2,286	2,254	2,240	2,219	2,129	2,189	2,217	2,451	2,487
検挙率（％）	39.8	43.4	45.4	46.2	50.0	53.3	51.8	51.7	54.3	51.7

　しかも，検挙された被疑者のうち実際に起訴された者は，半数程度にとどまる。検察庁によれば[2]，強姦事件の起訴率は2003年62.9％，2012年50.3％であり，強制わいせつ事件の起訴率は2003年57.8％，2012年49.4％である。

(2)　相当に高い暗数の存在

　しかし，そもそも警察による認知件数が性暴力被害の実数を示しているとは，到底，考えられず，相当に高い暗数の存在が推認される。

(a)　法務総合研究所「犯罪被害実態（暗数）調査」

　犯罪の発生状況を把握する方法としては，①警察等の公的機関に認知された犯罪件数を集計する方法，②一般国民を対象としたアンケート調査等により警察等に認知されていない犯罪の件数（暗数）を含めどのような犯罪が実際どのくらい発生しているかという実態を調べる方法（暗数調査）の二つがある。②は定期的に実施することによって①との経年比較が可能となり，①と②は相互補完的な機能を持つ。そこで，法務総合研究所は，2000年から4年ごとに「犯罪被害実態（暗数）調査」を実施している。

　2012年調査によれば[3]，過去5年間（2007〜2011年）に，性的事件（強姦，強制わいせつ，痴漢，セクハラ及びその他不快な行為で，一部，法律上処罰の対

---

(2)　検察統計「被疑事件の罪名別起訴人員・不起訴人員・起訴率」。
(3)　平成24年犯罪白書201頁以下。2012年1月に全国の16歳以上の男女4,000人に質問紙を郵送する方法で実施した。回答者は2,156人（53.9％）であり，その内訳は，女性1,128人（52.3％），男性1,022人（47.4％），不詳6人（0.3％）であった。

象とならない行為を含む）の被害に1回以上遭った女性は，回答者の2.3%であった（2000年調査では2.7%，2004年調査では2.5%，2008年調査では2.0%）。また，被害態様別に，同時期の被害申告率（被害に遭った者のうち，被害を捜査機関に届け出た比率）をみると，性的事件では18.5%であった。被害者が捜査機関に届け出なかった被害は，多くの場合，暗数となる。

(b) 内閣府男女共同参画局「男女間における暴力に関する調査」

内閣府男女共同参画局は，3年ごとにこの調査を実施している。2011年調査（同年11月〜12月に実施）によれば[4]，回答者女性総数1751人のうち134人（7.7%）が「異性から無理やりに性交された経験」があった（2008年調査では7.3%，2005年調査では7.2%）。その134人の被害時期は，「小学校入学前」「小学生のとき」が13.4%（2008年調査では15.4%），「中学生」が5.2%（同4.9%）であった。つまり，女性の13人に1人が被害にあっており，100人に1人は小学生以下で，70人に1人は中学生以下で被害にあっている。

ところが，被害を受けた女性のうち「警察に連絡・相談した」のはわずか3.7%である。最も多かったのは「どこ（だれ）にも相談していない」67.9%であり（2008年調査では63%，2005年調査では64%），その理由は，「恥ずかしくてだれにも言えなかったから」46%，「そのことについて思い出したくなかったから」22%，「自分さえ我慢すれば何とかこのままやっていけると思ったから」21%で，「相談したことがわかると，仕返しを受けたりもっとひどい暴力を受けると思ったから」「加害者に『誰にも言うな』とおどされたから」も各約6%を占める。相談した場合でも，最も多い相談先は「友人・知人」18.7%で，次が「家族や親せき」9.7%であった。警察はわずか3.7%である。

(c) これらのことから，大阪高等検察庁の田中嘉寿子検察官は，「実際の性犯罪の被害届出率は，4%程度と予想されるので，仮に，強姦事件の被害届出率が100%になれば，認知件数は現在の25倍になるであろう。」「懲役10年程度の重罰を科し得る性犯罪者の未検挙者は，強盗犯の未検挙者の約

---

(4) http://www.gender.go.jp/e-vaw/chousa/h24_boryoku_cyousa.html

第1編　性暴力被害の実態

50倍の約7万人いる計算になる。性犯罪には常習犯が多いことを考慮しても，膨大な性犯罪者が社会に野放しにされ，更なる性犯罪が生まれているのが実態といえる。」「上記推計に対しては，被害者が「意思に反した性暴力を受けた」と思っても，必ずしも強姦や強制わいせつに当たらないこともあるので，過大な推計であるとの批判があるだろう。しかし，強制わいせつに当たらない痴漢（条例違反）は上記「性犯罪」に含まれていないが，実際には強制わいせつの何倍も発生している。それらの性犯罪も含めて考えれば，数万人の性犯罪者が未検挙のまま野放しにされていることは，明らかである。」と指摘する。また，被害届率が低い原因は，警察の捜査能力の問題ではなく，主に被害者の羞恥，他人に知られることや二次被害への恐怖，無力感，加害者からの報復への恐怖などであり，被害者の心情を理解し，二次被害を防止し，被害届け出率を向上させることは捜査機関にとって喫緊の課題であるとしている[5]。まったく同感である。

(d)　人々も，相当数の性犯罪が発生しているとの実感を持っている。

内閣府の「治安に関する特別世論調査」（2012年7月実施）によれば[6]，「自分や身近な人が被害に遭うかもしれないと不安になる犯罪」として，「痴漢や強制わいせつなどの性的犯罪」を挙げた人の割合は，2006年28.2％から2012年31.3％に増加した。「警察に力を入れて取り締ってほしい犯罪」として「痴漢や強制わいせつなどの性的犯罪」を挙げた人の割合も，2006年39.3％，2012年35.7％と高い。

また，警察庁の「警察庁意識調査」（2013年1月～2月実施）によれば[7]，過去10年の日本の治安の変化について，「悪くなったと思う」又は「どちらかと言えば悪くなったと思う」と回答した者は81.2％を占め，治安に対する不安を感じさせる犯罪の類型として37.9％が「痴漢・強姦などの性犯罪」

---

[5]　田中嘉寿子「性犯罪・児童虐待捜査ハンドブック」4～6頁（立花書房，2013年）。同検察官は，未検挙者数の推計に際し，単独で反復継続することが多い性犯罪では一人当たりの件数が1件以上であることも考慮し，より正確な推計をしている（同書5頁）。

[6]　http://www8.cao.go.jp/survey/tokubetu/h24/h24-chian.pdf

[7]　平成25年警察白書18頁以下。

を挙げた。子どもにとって大きな脅威となっている主な犯罪類型としては，約6割が「強姦・強制わいせつ・痴漢などの性犯罪」を挙げた。女性回答者の中では「自分自身が被害に遭う不安を感じている主な犯罪」として「強姦・痴漢などの性犯罪」「盗撮・のぞき等の性的なプライバシーを侵害する犯罪」「ストーカー行為」を挙げる者が非常に多かった。特に20代女性では，「強姦・痴漢などの性犯罪」65.1％，「盗撮・のぞき等の性的なプライバシーを侵害する犯罪」49.6％，「ストーカー行為」48.7％と，突出していた。そして，警察への要望として一番多かったのは「見通しの悪い場所や暗がりなどの犯罪が起きやすい場所を減らす取り組み」であり，20代女性では「女性の犯罪被害者等の悩みに対する相談窓口の充実」，30代以上女性では「街頭防犯カメラの設置台数の増加」との回答が多かった。

❷ 被害者からみた性暴力被害の実態

(1) 内閣府男女共同参画局「男女間における暴力に関する調査」

(a) 2011年調査[8]の中で，「異性から無理やりに性交された経験」があったと回答した134人に対し，加害者との面識の有無を聞いたところ，「よく知っている人」61.9％，「顔見知り程度の人」14.9％で，計76.9％が面識ある人から被害を受けていた（2008年調査では75.6％）。被害者からみた関係は，「配偶者・元配偶者」36.9％（2008年調査では35.5％），「職場・アルバイトの関係者」15.5％（同25.8％），「親・兄弟・それ以外の親戚」8.7％（同11.9％），「通学先の学校・大学関係者」9.7％（同7.5％），「知人」5.8％（同5.4％）などである。

加害者は顔見知りが多いという事実は，検察庁の統計[9]からも裏付けられる。即ち，2012年の強姦の被疑者1023人について，被害者から見た関係は，親族5.6％，面識あり42.8％，面識なし51.6％であり，強制わいせつの被疑者3781人について，被害者から見た関係は，親族1.9％，面識あり22.2％，面識なし75.9％であった。2011年についてみると，強姦の被疑者

---

(8) 前掲注(4)。
(9) 平成24年同25年犯罪白書「検挙件数の被害者と被疑者の関係別構成比（罪名別）」。

929人について，被害者から見た関係は，親族4.6%，面識あり37.0%，面識なし58.3%であり，強制わいせつの被疑者3442人について，被害者から見た関係は，親族1.6%，面識あり21.3%，面識なし77.19%であった。羞恥，他人に知られることや二次被害への恐怖，無力感，加害者からの報復への恐怖などは，面識ありの方が強いことは明らかで（親族の場合はなおさら），面識なしに比べて，面識ありの事案は被害申告がしにくい。それでもなお，強姦については半数近く，強制わいせつについては約4分の1が面識ありという事実は，内閣府の調査が実態を反映したものであることを強く推認させる。

(b) 被害女性の63.4%に生活上の変化があった。「心身に不調をきたした」22.4%，「異性と会うのが怖くなった」20.1%，「自分が価値のない存在になったと感じた」20.1%，「夜，眠れなくなった」11.9%，「外出するのが怖くなった」10.4%，「仕事をやめた・変えた」8.2%，「転居した」6.7%などが多い。

(c) 「男女間の暴力を防止するために必要なこと」としては，「被害者が早期に相談できるよう，身近な相談窓口を増やす」68%，「加害者への罰則を強化する」58%と続いている。しかし，前述のとおり，実際には性暴力被害者の大半はどこにも誰にも相談しておらず，その結果，処罰されぬまま野放しになっている加害者が多数存在していることになる。何故相談しないのか（相談できないのか），検討と対策が急務である。現在，性犯罪被害者のためのワンストップセンターが大阪，愛知，東京，北海道，佐賀，兵庫，和歌山，福岡，島根，滋賀，福井，岡山，沖縄，富山，千葉などに開設されているが，さらに増やしていく必要がある[10]。

(2) 内閣府男女共同参画局「パープルダイヤル〜性暴力・DV電話相談〜集計結果」[11]

---

[10] 内閣府男女共同参画局「性犯罪被害者支援に関する調査研究」報告書（2014年6月），内閣府犯罪被害者等施策推進室「性犯罪・性暴力被害者のためのワンストップ支援センター開設・運営の手引〜地域における性犯罪・性暴力被害者支援の一層の充実のために〜」(2012年5月）など。

[11] （2011年2月〜3月実施）http://www.gender.go.jp/policy/no_violence/violence_

（ⅰ）「女性相談者向け回線」への電話相談については，「配偶者等からの暴力」に関する相談8970件のうち1458件（約16％）が「性的強要」であった。また，「配偶者等からの暴力」以外の相談4819件のうち1220件（約25％）が「強姦・強制わいせつ」にかかる相談であった（他にセクハラ，ストーカー行為，人身取引にかかる相談が計316件）。後者について，加害者は「知っている人」79％で，「知らない人」8％を大きく上回った。

（ⅱ）「急性期の性暴力被害女性向け回線」への電話相談については，「強姦・強制わいせつ」に関する相談が540件あった。被害にあった場所は，被害者の自宅，加害者の自宅，道路上，職場・アルバイト先，電車等の乗り物内の順である。加害者は「知っている人」57％，「知らない人」16％である。暴力被害による影響は，不安，恐怖，不眠，精神症状，フラッシュバックの順である。

❸ 性犯罪の被害者の被害実態と加害者の社会的背景

(1) 内山の調査研究[12]

科学警察研究所防犯少年部付主任研究官であった内山は，1997年10月～1998年1月末に全国の警察署で取り扱った強姦及び強制わいせつ事件について，被害者204名と被疑者553名を対象とする調査を行った。

(2) 被害者204名の被害状況[13]

(a) 回答者は全員女性で，20代50.5％，10代27％，30代19.1％の順で

---

research/purple/purple_tabulation.html
(12) 内山絢子「性犯罪被害の実態(1)～(4)性犯罪被害調査をもとにして」警察学論集53巻3～6号（立花書房2000年）。
(13) 内山は，性被害にあって警察に届け出た者のうち，本調査に協力を依頼し回答を得た者を対象とした。但し，年齢が低い場合には，回答が困難でありその後の影響も重大であることを考慮して，原則として18歳以上の者とし，また事件の重大性に鑑み，「被害者が事件後ある程度精神的に立ち直りが認められる」と担当した警察官が判断できた者のみに被害者票の記入を依頼しており，事件の影響が顕著に認められ，事件について質問することが心身への著しい影響があると思慮される者については，回答依頼を差し控えた。被害者全体（703名）の29％（204名）しか回答が得られな

第1編　性暴力被害の実態

ある。職業は，会社員 30.9% や学生 28.9% が多い。

(b) 被害時に何をしていたかについて（複数回答可），最も多いのは「勤め（学校）の行き帰り」35.8% で，「いつもと全く同じ生活をしていた」22.5%，「自宅にいた」22.1%，「散歩・遊びの行き帰り」13.2% など，日常的な生活をしていた者が大部分である。「いつもより帰りが遅かった」17.6%，「お酒を飲んでいた」8.8%，「いつもとは違ったことをした」6.4% という回答も，日常よくある行為の範疇である。「自分の行動に問題があった」5.4% は少ない。

強制わいせつの被害者の方が家の外で被害にあう割合が高かったが，いずれにしても，被害者の圧倒的多数は普通の生活をしているときに被害に遭ったということができる。

(c) 被害による心身への影響は深刻である。強姦と強制わいせつとで多少違いがみられるが，共通してみられるダメージとして，「とても怖かった」82.8%，「ショックだった」77.0% が特に多かった。「相手から何をされるかわからなかった」52.0%，「どうしていいかわからなかった」49.0%，「言うことをきかないと殺されるかもしれないと思った」47.1%，「屈辱を感じた」43.6%，「これからどうなるかと思った」41.7% なども，4割以上の者が回答した。また，「抵抗したかったが出来なかった」35.3%，「不安だった」33.3%，「どうすることもできない無力感を感じていた」33.3%，「悲しい」27.9%，「恥ずかしかった」26.5%，「絶望した」23.0% などの回答も多くみられた。

これまで，性犯罪被害者に対しては，被害者にも問題があった，命にかかわることではない，使って減るものでもない，運が悪かっただけなど，殺人など他の凶悪犯に比べてその被害が軽視される傾向があったが，ここに示されるのは，被害者は「非常に怖く」，「もしかするとこのまま殺されるかもしれない」と思うほどの恐怖を持っているということである。特に，これらの項目のほとんどすべてについて，強姦は強制わいせつに比べ，高い割合で選

　　かったことは，性被害が被害者に与える精神的ダメージが如何に大きいかを物語る一つの証左となろう，とコメントしている。

択されている（概ね10ポイント以上の差）。なかでも、「言うことをきかないと殺されるかもしれないと思った」70.9％は50ポイント以上、「抵抗したかったが出来なかった」46.4％、「どうすることもできない無力感を感じていた」45.5％は25ポイント以上の差がみられた。

　(d)　被害時の脅迫等について、最も多かったのは「さからったら殺すぞ、おとなしくしろ等と言葉で脅された」42.6％、次いで「相手の体が大きいので（相手の力が強いので）逆らえないと思った」36.3％であり、「後ろから羽交い絞めにされた」24.5％、「殴ったり蹴ったりされた」20.1％、「その他の言葉による脅しを受けた」20.1％、「ナイフなどで脅された」13.2％、「睡眠薬など薬物を使用された」2.0％などが続く。

　暴行ではなく脅迫だけで十分に抑圧されていることがわかるが、どの脅迫についても強姦の方がその割合が高い。「さからったら殺すぞ、おとなしくしろ等と言葉で脅された」61.8％、「その他の言葉による脅しを受けた」26.4％、「嘘をついて騙した」18.2％、「相手の体が大きいので（相手の力が強いので）逆らえないと思った」48.2％などである。

　(e)　被害者からの抵抗については、「やめてくれと加害者に頼んだ」51.5％、「大声で助けを求めた」41.7％、「必死で自分を守った」37.7％、「必死で相手を攻撃して抵抗した」33.3％などであるが、「何もできなかった」25.5％も相当に多い。特に強姦被害者には、「やめてくれと加害者に頼んだ」62.7％、「何もできなかった」33.6％が多い。

　(f)　警察への届出は、被害者単独ではなされにくい。強制わいせつの場合は、人に勧められて届出た者42.5％と自ら選んで届出た者49.4％が概ね半々であるが、強姦の場合は、人に勧められて届出た者64.5％が多く、自ら選んで届出た者は29.1％である。周囲に届出を勧めてくれる人（親・家族、友人など）がいないと警察への通報は難しい。

(3) 被疑者553名の状況

　(a)　職業別では会社員25％、労務者25％、無職18％、学生15％と続き、成人の学歴は短大・大学入学以上24％、高校卒業31％などである。中等教

育以上を受けた普通の社会人が多いことがわかる。

(b) 強姦については少年の79％，成人の61％が計画的であった。強制わいせつについても少年の43％，成人の39％が計画的であった。決して衝動的な犯行ではない。

(c) 被害者選定の理由（基準）は，強姦については，「警察に届け出ることはないと思った」45％，「おとなしそうに見えた」28％，「警察に捕まるようなことではないと思った」26％，「一人で歩いていた」22％と続き，「挑発的な服装」は5％以下である。強制わいせつについても，「おとなしそうに見えた」48％，「一人で歩いていた」32％，「警察に届け出ることはないと思った」30％，「弱そうな感じがした」24％，「警察に捕まるようなことではないと思った」21％と続き，「挑発的な服装」は6％である。強姦神話に依拠する「被害者側の責任」論に根拠がないことがわかる。

(d) 犯行場所（実行行為が行われた場所）は，強姦については，屋外（路上・公園・空き地など計約41％）よりも屋内（自宅33％など計57％）が多い。強制わいせつについては，屋外57％の方が屋内43％よりも多い。犯行場所の選択理由は「人通りが少ない」「人目につきにくい」が多いが，強姦については「相手をだまして部屋に連れ込む」26％も多い。

(4) 以上の結果は，性犯罪が特定の人間関係や条件のもとに起きるのではなく，むしろ，どこでも誰との間でも起こりうることを示している。

❹ 精神医学からみる被害の実情

被害の実情を法律家だけで論ずるのは非常に危険である。法律家は，法律の一部を知っているだけで，被害者からみた被害の実情を十分に理解していないし，まして被害時の被害者の反応についての精神医学や心理学の知見についてはまったく何も知らない。自分たちの感覚だけで判断することが非常に危険であることを強く自覚すべきである。詳しくは宮地論文（本書第2章以下）を熟読されたい[14]。

---

(14) 宮地尚子「性暴力とPTSD」ジュリスト1237（2003年1月），同「トラウマ」岩波新書1404（2013年1月）のほか，宮地が日弁連で行った講演（2013.12.18）も参照。

❺ 強姦神話の蔓延

(1) 法律家の自覚の必要性と経験則

　以上に述べた性暴力犯罪の実態や宮地論文に示される被害者の反応は、法律家が性暴力事件を扱う場合に、必ず理解しておくべき基礎知識である。万一、このような知識を欠いたまま、性暴力事件を扱うとすれば、真実とかけ離れた事実認定を行う危険性が著しく高まる。そのことを法律家は自覚すべきである。

　即ち、客観的な直接証拠が乏しい性暴力事件において、間接的な事実と「経験則」を用いて、争いのある主要事実の有無を判断せざるを得ない場合には、性暴力の実態や被害者の反応をどう理解するかによって、結論は180度異なりうる。判断者が信じている「経験則」とは異なる行動を被害者がとった場合には、あるいは、判断者が信じている「経験則」に反する供述を被害者がした場合には、判断者にはそのような被害者の行動や供述が理解できず（信用できず）、虚偽であると判断する可能性が強い。そのような場合、本来であれば、判断者は、自ら有する「経験則」が正しいものであるか否かを、その根拠に立ちかえって慎重に検討すべきであるが、性暴力の実態や被害者の反応への理解を欠いたまま、性暴力について根拠なき思い込みをしている場合には（いわゆる「強姦神話」の信奉）、そのような作業を行う必要性すら認識できないであろう。

　そもそも、性暴力犯罪の典型である強姦罪は、行為の客体が女性に限定され、直接の加害行為者は男性が想定されている。そして、司法関係者（弁護士、裁判官、検察官、警察官、刑事法研究者を含む）の圧倒的多数は、男性である[15]。女性である被害者の被害体験や被害への対処の仕方は、司法関係者の多数を占める男性の日常生活の経験とは異なる。司法関係者と加害者とは、同じ経験と視点を共有することが容易であるが、逆に、司法関係者が被害者の経験と視点を共有することは難しい。他の犯罪類型においては、加害

---

(15) 女性が占める割合は、弁護士17.7％、裁判官22.5％、検察官20.4％（いずれも2013年）、警察官7.7％（2014年）、刑法学者についての統計は見当たらない。

者と被害者が性別によって分かれることはなく（例えば強盗罪を考えてみよ），司法関係者のジェンダーバイアスの影響は少ないと思われるが，性暴力犯罪においてはこの構造的な危険性を法律家は強く意識する必要がある[16]。

(2) 強姦神話

強姦についての根拠なき思い込み（いわゆる「強姦神話」）には，例えば以下のようなものがある[17]。

① 強姦は被害者と面識のない加害者により行われる＝面識のある相手からの性行為は強姦ではない。
② 強姦の加害者は異常性格者または倫理観に著しく欠ける者である＝普通の人による性行為は強姦ではない。
③ 強姦は暗い夜道や公園で行われる＝家の中やホテルでの性行為は強姦ではない。
④ 強姦は無理やり連れていかれた場所で行われる＝同意して行った場所での性行為は強姦ではない（ホテルのバーで一緒に酒を飲んだり誘われて車に乗ったことは，性行為への同意を示す）。
⑤ 被害者は貞操を守るために性行為を拒む＝性行為を拒まない女性は貞操観念がなく同意しているから強姦ではない。
⑥ 貞操観念がある女性は，性行為や性的言動について慎重である＝性行為や性的言動について慎重でない女性（「奔放な」性格や「派手な」職業の女性を含む）は貞操観念がなくすぐに同意するから，そのような女性との性行為は強姦ではない。
⑦ 女性は（貞操を守るために）生命・身体の危険を冒しても最後まで抵抗を図るものであり，そのような抵抗を抑圧して行われるのが強姦である。女性が抵抗しなくなるのは，性行為を受け入れ，（口では嫌と言っていても）体が喜んでいるからである＝被害者が生命・身体の危険を冒し

---

(16) 角田由紀子弁護士（第二東京弁護士会）による示唆。
(17) 第二東京弁護士会両性の平等に関する委員会編「事例で学ぶ司法におけるジェンダーバイアス（改訂版）」148頁（2009年）など。

て最後まで抵抗をしなければ同意であり強姦ではない。
⑧　加害者の動機は性欲であり，被害者の挑発的な服装などが強姦を誘発する＝性欲が満たされていれば強姦ではないし，被害者に誘発の責任がある。

(3) 「思い込み」が判決の基礎に

　法律家は危機的状況に直面した人の咄嗟の行動や反応については素人であり，頭で「常識的」に考えて「こうするはず」「こうなるはず」と思い込むことは非常に危険である。ところが，前記のような全く根拠のない思い込みが，その根拠を明らかにするよう要求されることもなく，社会に蔓延し，司法にも蔓延し，「経験則」の名の下に，判決の基礎とされていく。この思い込みを如実に示したのが，次に述べる最高裁判決である。

2　判決で描かれる性暴力被害と実態との乖離[18]

❶ 小田急事件[19]──最高裁第3小法廷判決 H21.4.14

(1) 公訴事実の要旨

　被告人は，平成18年4月18日午前7時56分ころから同日午前8時3分ころまでの間，東京都世田谷区内の小田急電鉄株式会社成城学園前駅から下北沢駅に至るまでの間を走行中の電車内において，乗客である女性A（当時17歳）に対し，パンティの中に左手を差し入れその陰部を手指でもてあそぶなどし，もって強いてわいせつな行為をした。

---

[18]　杉田聡編著「逃げられない性犯罪被害者　無謀な最高裁判決」（青弓社2013年），大阪弁護士会人権擁護委員会性暴力被害検討プロジェクトチーム編「性暴力と刑事司法」（信山社2014年）など参照。

[19]　裁判所時報1481号5頁，判例時報2052号151頁，判例タイムズ1303号95頁，最高裁判所裁判集刑事296号277頁。なお，前掲角田弁護士による判例分析（日弁連両性の平等に関する委員会主催シンポジウム「司法におけるジェンダー・バイアス～性暴力被害の実態と刑事裁判の在り方～」2014.6.21配布資料22頁以下）に非常に多くの示唆を得た。

第1編　性暴力被害の実態

(2) 争いのない事実

(a) 被告人は通勤のため本件当日の午前7時34分頃，小田急線鶴川駅から，綾瀬行き準急の前から5両目の車両に乗車し，Aは高校通学のため同日午前7時44分頃，読売ランド前駅から，同車両に乗車した（Aが乗車した区間の駅名は，読売ランド前，生田，向ヶ丘遊園，登戸，成城学園前，下北沢）。

被告人とAは，遅くとも同日午前7時56分頃成城学園前駅を発車して間もなくしてから，満員の上記車両の進行方向に向かって左側の前から2番目のドア付近に，互いの左半身付近が接するような体勢で，向かい合うような形で立っていた。

(b) Aは，本件電車が下北沢駅に着く直前，左手で被告人のネクタイをつかみ，「電車降りましょう」と声をかけた。これに対して被告人は，声を荒げて「何ですか」などといい，Aが「あなた今痴漢したでしょう」と応じると，Aを離そうとして，右手でその左肩を押すなどした。本件電車は間もなく下北沢駅に止まり，2人は開いたドアからホームの上に押し出された。Aはその場にいた同駅の駅長に対し，被告人を指さし，「この人，痴漢です」と訴えた。そこで，駅長が被告人に駅長室への同行を求めると，被告人は「おれは関係ないんだ，急いでいるんだ」など怒気を含んだ声で言い，駅長の制止を振り切って車両に乗り込んだが，やがて駅長の説得に応じて下車し，駅長室に同行した。

(3) 争　点

被告人は一貫して犯行を否認し，目撃証人はおらず，客観的証拠もなかった。そのため，A供述の信用性の有無とこれに反する被告人供述の信用性の有無が争点。

(4) 原審等の判断

(a) 第1審は，Aの供述内容は当時の心情も交えた具体的，迫真的なもので，その内容自体に不自然，不合理な点はなく，また，Aは意識的に当時の状況を観察，把握していたというものであり，犯行内容や犯行確認状況につ

いて勘違いや記憶の混乱等が起こることも考えにくいなどとして，被害状況及び犯人確認状況に関するAの供述は信用できるとして，被告人を有罪とした。

(b) 控訴審で，弁護人は，Aは向ヶ丘遊園から成城学園前までの電車内で被害を受けたというのに何らの回避行動をとっていない，Aは成城学園前で一旦下車しながら再び被告人の近くに乗車しているがこれらは不自然，などと主張した。しかし裁判所は，電車内でわいせつな被害を受けたAが恥ずかしさや弱さからなかなかそれを回避する行動を取れないでいることは何ら不自然なことではなく，しかも本件では，結局Aは被告人をわいせつな行為をした犯人として警察に連れて行こうとしていること，女性が成城学園前でいったん下車しながら再び被告人の側に乗車していったことはいささか不自然な点があるといえるものの，混み合ったホームで人の波に流されそのような事態に至ることはあり得ることであり不合理とまではいえない，として，原判決を維持した。

(5) 最高裁の判断

(a) 原判決を破棄し無罪を言い渡した（自判）。那須裁判官・近藤裁判官の補足意見，堀籠裁判官・田原裁判官の反対意見がある。

(b) 多数意見の理由

被告人は，捜査段階から一貫して犯行を否認しており，本件公訴事実を基礎づける証拠としては，Aの供述があるのみで，物的証拠等の客観的証拠は存しない。被告人は本件当時60歳であったが，前科前歴はなく，この種の犯行を行うような性向をうかがわせる事情も記録上は見当たらない。したがって，Aの供述の信用性判断は特に慎重に行う必要があるが，

(i) Aが述べる痴漢被害は，相当に執拗かつ強度なものであるにもかかわらず，Aは車内で積極的な回避行動をとっていないこと，

(ii) そのこととAの被告人にした積極的な糾弾行為とは必ずしもそぐわないように思われること，

(iii) Aが成城学園前駅でいったん下車しながら，車両を替えることなく，再

第1編　性暴力被害の実態

び被告人のそばに乗車しているのは不自然であることなどを勘案すると，

　同駅（成城学園前駅）までにＡが受けたという痴漢被害に関する供述の信用性にはなお疑いを入れる余地がある。そうすると，その後にＡが受けたという公訴事実記載の痴漢被害に関する供述の信用性についても疑いを入れる余地があることは，否定し難いのであって，Ａの供述の信用性を全面的に肯定した第1審判決及び原審の判断は，必要とされる慎重さを欠くものというべきであり，これを是認することができない。被告人が公訴事実記載の犯行を行ったと断定するについては，なお合理的な疑いが残るというべきである。

(6)　検　　討

(a)　公訴事実にかかる事実認定を慎重に行うべきことには異論がない。しかし，Ａ供述の信用性に疑いがあるとして多数意見があげる点は，いずれも根拠なき思い込みに基づくものと言わざるを得ない。

(b)　Ａが第1審の公判廷及び検察官調書で述べた内容は次のようなものであった（第1審判決より）。

　「読売ランド前から乗車した後，左側ドア付近に，進行方向と逆向きに立っていると，生田を発車して直ぐに，私の前に立っていた被告人が，私の頭越しに，かばんを網棚に載せた。その後，私と被告人は，互いの左半身がくっつくような位置関係にあった。向ヶ丘遊園を出てから，痴漢に遭い，まず，スカートの上から下腹部，次いで陰部を触られ，次に，スカートの中に手を入れられ，パンティの上から陰部を触られた。登戸に着く少し前に，その手は抜かれたが，同駅を出ると，さらに，パンティの前の部分の上から手を入れられ，成城学園前に着く直前まで，陰部を触られた。位置関係等から，犯人は被告人と思ったが，痴漢されているのを見るのがいやだったということもあり，確認はしていない。

　成城学園前駅に着いてドアが開き，駅のホーム上に押し出された。被告人がまだいたらドアを変えようと思ったが，被告人を見失って迷っているうち，ドアが閉まりそうになったので，再び，同じドアから乗った。乗る直前に，被告人がいるのに気付いたが，後ろから押し込まれる感じで，また被告人と

第 1 章　データからみる性暴力被害の実態

向かい合う形になった。私は，少しでも避けようと思って向きだけ変えた。そのため，被告人と私は，左半身同士ではなく，私の左肩が被告人の体の中心にくっつくような形になった。

　成城学園前駅を出ると，今度は，スカートの中に手を入れられ，右の太ももを，外側から内側に向かってなで上げるような感じで触られた。私は，いったん外に出たのにまたするなんて許せない，捕まえたり，警察に行って説明できるようにするため，しっかり見ておかなければいけないと思い，その状況を確認した。

　すると，スカートの右の部分がしわになり，腕にのっかったような感じで持ち上がって，そのすそ部分から手首の少し上の部分が見えていたので，肘，肩と順番に見ていき，それが被告人の腕であることを確認した。当時，私の右前に立っている人が，ドアを向いて私に背を向けていたので，そこに少し空間があり，犯人の腕を見ることができた。

　その後，その犯人は，パンティの右のわきから，手の甲が私の体に触る感じで手を入れ，指で陰部を触り，さらに，その手を抜いて，今度は，パンティの上の方から手を入れ，陰部を触ってきた。その間，被告人の位置は，従前の状態から少し変わり，再び，互いの左半身がくっつく状態になっていた。

　私は，下北沢に着く直前，左手で被告人のネクタイをつかみ，「電車降りましょう。」と声を掛けた。同じころ，相手が私の体を触るのも止んだ。」

　これに対し，多数意見が(i)(ii)で想定している被害者像は，「本当に被害にあったのであれば，被害を避けるために積極的な回避行動をとるはず」というものであり，しかも「積極的な回避行動をとっていないのに被告人への積極的な糾弾行為をおこなうのは同じ人間の行動としてそぐわない（アンバランスである）」というものである。

　(i)については，多数意見がいうように，Ａが受けた痴漢被害は「相当に執拗かつ強度なもの」であった。ただ，だからと言って「車内で積極的な回避行動をとる」のが当然ということはない。多数意見（補足意見も同じ）がそのように判断した根拠は，何も示されていない。

19

第1編　性暴力被害の実態

　実際には，そのような被害に遭った場合，被害者は，逃走（回避）か闘争（抵抗）かではなく，その前にまず固まってしまう（フリーズする）ことが多い。女性が性犯罪の標的にされ，男性の脅迫的な言動の対象とされたときに受ける恐怖とショックは著しく，金縛りにあったように体が硬直し，とっさになすべき判断もできないことは，十分にあり得ることである。前掲内山の調査でも，強制わいせつの被害者は，ショックで（80.5％），とても怖く（78.2％），相手から何をされるかわからず（44.8％），どうしてよいかわからず（41.4％）となっている。そして，大声で助けを求めた者は半数（54％），必死で相手を攻撃した者は3分の1（33.3％）にとどまり，必死で自分を守るだけの者や（37.9％），何もできなかった者（12.6％）が相当数いる。本件は超満員電車内の痴漢事件であり，そのこと自体の恐怖や，あからさまに反抗したときの周囲の反応など種々のことを思いめぐらせて，Aが積極的な回避行動にでられなかったとしても，何ら不思議ではない。しかも，身動きできない超満員電車内では，そもそも積極的な回避行動は困難である。身体的な回避行動をとれなかったのであれば叫べばよいと多数意見は考えたのかもしれないが，加害者との争いになることや周囲の乗客の注目の的になること等に対する気おくれ，羞恥心などから，Aが我慢してそのような行動に出なかったことは，何ら不自然ではない。堀籠裁判官や控訴審判決が述べるとおりである。「被害者は積極的な回避行動をとるはずだ」との多数意見の思い込みに根拠はなく，それは強姦神話である。

　翻って考えるに，ある状況への対処方法は人それぞれで，対処すべき状況の具体的内容やその人のそれまでの様々な経験等により異なる。おそらく多数意見も，一般論としては，このことを否定しないであろう。ところが多数意見は，性暴力被害に直面した女性の行動についてだけは，何の根拠も示さないまま，一概に「こうに違いない」と決めつけている。その決めつけを，事実であるか否かの検証抜きに，「経験則」という魔法の言葉を媒介に，有罪無罪の決め手としている。恐ろしいほどに非科学的である。

　(ii)「積極的な糾弾行為」についても，同様の批判が当てはまる。多数意見の思い込みによれば，被害者であれば「逃走」（回避）か「闘争」（抵抗）を

第1章　データからみる性暴力被害の実態

するはずだということになるが，実際にAが「逃走」（回避）ではなく「闘争」（抵抗）を始めると，多数意見は，それは不自然であると批判する。多数意見は，「Aが，下北沢駅に着く直前，左手で被告人のネクタイをつかみ，「電車，降りましょう」と声をかけた」ことを，「積極的な糾弾行為」と表現しており，Aの行為は多数意見が想定する「闘争」（抵抗）の範囲を超えた（過激な）行為であると考えたようである。多数意見が想定する被害者とは，「最後まで耐え忍ぶ」か「消極的な抵抗をする」女性であり，それを超えた積極的な行為は想定された被害者像に反するというわけである。しかし，実際に痴漢被害を経験したことのある女性であれば，身動きできない電車の中で，初めは短い間のこととして我慢していたAが，執拗な加害行為を受け続けて，ついに我慢の限界に達し，犯人を捕らえるため，注意深く観察を始め，次の駅近くになったときに，意を決して反撃的行為に出るということは，十分にあり得ることである。非力な少女の行為として，犯人のネクタイをつかむのは有効な方法であって，合理的な行動である。堀籠裁判官の意見のとおりであるし，確かな想像力のある男性であれば十分に理解可能である。多数意見は「初めに回避行動を取らなかったのなら，最後まで耐え忍べ」と被害者に言っているに等しい。

(iii)は明らかな誤解である。Aが述べているのは「成城学園前駅に着いてドアが開き，駅のホーム上に押し出された。被告人がまだいたらドアを変えようと思ったが，被告人を見失って迷っているうち，ドアが閉まりそうになったので，再び，同じドアから乗った。乗る直前に，被告人がいるのに気付いたが，後ろから押し込まれる感じで，また被告人と向かい合う形になった。私は，少しでも避けようと思って向きだけ変えた。そのため，被告人と私は，左半身同士ではなく，私の左肩が被告人の体の中心にくっつくような形になった。」である（第1審判決）。田原裁判官は「（Aは）成城学園前駅で一旦下車した際に被告人を見失い，再び乗車しようとした際に被告人に気付いたのが発車寸前であったため，後ろから押し込まれ，別の扉に移動することなくそのまま乗車した」と述べたと指摘し，堀籠裁判官はさらに「同じ位置に戻ったのは，Aの意思によるものではなく，押し込まれた結果にすぎない」

第 1 編　性暴力被害の実態

と述べている。混雑した電車に乗った経験のある人であれば容易に理解できることである。

（ｃ）　那須裁判官の補足意見は，より明確に「強姦神話」に依拠している。同裁判官によれば，

（ｉ）　痴漢事件について冤罪が争われている場合には，被害者女性の供述が「詳細かつ具体的」「迫真的」「不自然・不合理な点がない」ものであっても，他にその供述を補強する証拠がない場合について有罪の判断をすることは，「合理的な疑いを超えた証明」に関する基準の理論との関係で，慎重な検討が必要である。何故なら，①混雑した電車の中での痴漢とされる犯罪行為は，時間的にも空間的にも当事者間の人的関係の点から見ても，単純かつ類型的な態様のものが多く，犯行の痕跡も（加害者の指先に付着した繊維や体液等を除いては）残らないため，「触ったか否か」という単純な事実が争われる点に特徴がある。このため，普通の能力を有する者（例えば10代後半の女性）がその気になれば，その内容が真実である場合と，虚偽，錯覚ないし誇張等を含む場合であるとに関わらず，法廷において「具体的で詳細」な体裁を具えた供述をすることはさほど困難でもない。その反面，弁護人が反対尋問で供述の矛盾を突き虚偽を暴き出すことも，裁判官が「詳細かつ具体的」「迫真的」あるいは「不自然・不合理な点がない」などという一般的な指標を用いて供述の中から虚偽ないし誇張の存否を嗅ぎ分けることも，決して容易ではない。本件のような類型の痴漢犯罪被害者の公判における供述には，元々，事実誤認を生じさせる要素が少なからず潜んでいる。②公判証言の準備として，被害者は検察官の要請により記憶確認等の詳細な打ち合わせを行うが，被害者は虚偽であったとすれば制裁があるし，検察官は被害者供述のみが頼りであるから，両者は入念な打ち合わせをする。そのため，公判での供述は外見上「詳細かつ具体的」，「迫真的」で「不自然・不合理な点がない」ものとなるのは自然な成り行きである。公判での被害者の供述がそのようなものであるからといって，それだけで被害者の主張が正しいと即断すれば事実誤認の余地が生まれる。③満員電車の痴漢事件については，前述の特別の事情があるので，冤罪が真摯に争われているときは，被害女性の供述が「詳細か

つ具体的」,「迫真的」で弁護人の反対尋問を経てもなお「不自然・不合理な点がない」かのように見えるときであっても，供述を補強する証拠ないし間接事実の存否に特別な注意を払う必要がある。そのうえで，補強証拠等がないにもかかわらず裁判官が有罪の判断をするには，「合理的な疑いを超えた証明」の視点から問題がないかどうか，格別に厳しい点検を欠かせない。

（ⅱ）以上を踏まえて検討すると，Aの供述は「詳細かつ具体的」等の一般的・抽象的性質は備えているものの，これを超えて各別に信用性を強める方向の内容を含まず，他に補強証拠等もないことから，事実誤認の危険が潜む典型的な被害者供述であると認められる。これに加えて，Aの供述の信用性に積極的に疑いを入れるべき事実が複数存在する。その疑いは，論理的に筋の通った明確な言葉によって表示され，事実によって裏付けられたものでもある。従って，本件では，被告人が犯罪を犯していないとまでは断定できないが，逆に被告人を有罪とすることについても「合理的な疑い」が残るという，いわばグレーゾーンの証拠状況にある。

（ⅲ）当審における事実誤認の主張に関する審査につき，「原判決の認定が論理則，経験則等に照らして不合理といえるかどうかの観点から行うべきである」が，「有罪判決を破棄自判して無罪とする場合については，冤罪防止の理念を実効あらしめる観点から，文献等に例示される典型的論理則や経験則に限ることなく，我々が社会生活の中で体得する広い意味での経験則ないし一般的なものの見方も「論理則，経験則等」に含まれると解する。多数意見はこのような見解の上に立って，Aの供述の信用性を判断し，その上で「合理的な疑いを超えた証明」の基準に照らし，なお，「合理的な疑いが残る」として無罪の判断を示している。

（d）那須補足意見に対する批判

（ⅰ）混雑した電車内の痴漢行為については，「触ったか否か」という単純な事実だけが争われるという認識は，正しくない。「触ったか否か」という事実を認定するためには，被害者は，「触られた」という直接事実だけでなく，そのように認識した根拠，その時の心理状態（ある程度継続した事案ではその間の心理状態を含む），加害者の特定に至る経緯など，様々な事情を供述

第1編　性暴力被害の実態

し，証言する必要があるし，検察官は，被害者の供述を裏付ける客観証拠を可能な限り収集する。本件でも，被害者供述をもとに被害を再現した実況見分が行われており，被害者供述は実況見分により裏付けられたものとなっている。それが検察官による立証活動であるし，これらの詳細が事案により異なることは言うまでもない。本件控訴審で，弁護人は検察官提出の実況見分調書とは異なる再現結果を示すDVDを証拠提出し，裁判所はそのDVDを子細に検討した（結論として，恣意的であると排斥した）という事実もある。多数意見・補足意見は，被害者供述を単なる主観的証拠と位置付けているようであるが，そのような認識は正しくない。

　このような被害者供述に対し，弁護人が有効な反対尋問を行うためには，混雑した電車内での痴漢被害の実情と被害者の心理・行動を正しく理解する必要がある。被害者は「その気になれば」嘘を簡単につけるし，嘘をつかれたら弁護人は有効な反対尋問ができないとの見解は，被害が実際にはどのようなものであるかを弁護人が正しく理解していないことから出てくるものであろう。裁判官が虚偽・誇張の存否を嗅ぎわけることが容易ではないという見解も，被害について正しい認識を有している裁判官であれば有効な補充尋問は可能であり，同じく被害の実情を正しく理解していないことから出てくるものであろう。弁護人や裁判官が被害者の嘘の前にはお手上げになるとして，そのことを理由に「本件のような類型の痴漢犯罪被害者の公判における供述には，元々，事実誤認を生じさせる要素が少なからず潜んでいるのである」というのは，明らかにおかしな主張である。弁護人も裁判官も，混雑した電車内での痴漢被害の実情と被害者の心理・行動を正しく理解するために，医学・心理学・社会学などの知見を十分に勉強する必要がある。

　被害者は「その気になれば」嘘を簡単につける，嘘をつかれたら有効な反対尋問ができないとの主張の根底には，「性暴力被害に遭った女性は嘘つきである」という思い込みがある。満員電車の痴漢事件について有罪と認定するためには，被害者の供述だけでは不十分であって補強証拠等が必要だとする那補足意見も，その根底に，「女は嘘つきである」という思い込みがある。

　上村貞美教授（香川大学・憲法学）は，英米法系の国では，強姦罪で有罪

と認定するためには被害者の証言だけでは不十分で，補強証拠によって立証しなければならないというルール（corroboration rule）があったが，1970年代以降の強姦罪改正の際にこのルールが廃止されたこと，もともと補強証拠が要求されてきた理由は「一言で言えば，それは『女は嘘つきである』という文化的神話（？）に起因している。強姦に関する法は，女の虚偽の告訴によって無実の男を有罪としてはならないという強迫観念によって支配されていると指摘されているが……強姦された女の証言は信用できないという考えが，証拠法の大御所的存在であるウィグモアによって支持されたために，補強証拠を必要とするルールは……不相応な重みを持つことになってしまった」ことを明らかにし，「……『女は嘘つきである』から，他の犯罪以上に強姦について虚偽の告訴が頻繁になされる危険性があるという主張は，『すべての女は強姦されることを望んでいる』という神話とともに，男の偏見以外の何物でもない。詐欺にかかったという男の証言より，強姦されたという女の訴えの方が信憑性がないといえるのか，問うまでもない。強姦についての虚偽の告訴が窃盗や強盗のケースより多いということはない。だから，虚偽の告訴の可能性があるという理由で補強証拠の要求を正当化することはできない。」と指摘している[20]。

　那須補足意見は，何ら正当な根拠がなく，不当に有罪率を低下させると批判されて廃止されたかつての考え方の復活を求めるもののように思えるが，仮にそうであれば，国際的な常識と女性の人権基準に逆行している。

　また，どの事件でも，検察官は証人と事前に入念な打ち合わせを行っている。それは立証責任を負う検察官の職務の一部である。他の事件では，検察官との入念な打ち合わせによる被害者証言を特段の補強証拠なしに正しいと判断することができるのに，何故，性暴力被害者だけは，検察官との打ち合わせで「事実を自然でかつ合理的であるようにねつ造・誇張する」と非難されるのであろうか。これも「性暴力被害女性は嘘つきである」ということを前提にしているものと考えられる。

---

[20]　上村貞美「性的自由と法」40頁以下（成文堂 2004 年）。

第1編　性暴力被害の実態

(ⅱ) 那須意見がいう「論理的に筋の通った明確な言葉によって表示され，事実によって裏付けられたもの」とは，文脈からすれば，多数意見が合理的な疑いの理由として示す前記3点であろう。しかしこれらは，性暴力被害の実態及び被害者の現実体験，また超満員電車での通勤を体験した男性の体験にも照らせば，「論理的に筋の通った」ものでも「事実によって裏付けられたもの」でもない。前述のとおり，第1・第2点は強姦に関する根拠のない思い込みの典型であるし，第3点は事実の誤認である。堀籠・田原両裁判官がその反対意見で詳細に述べているとおりである。

(ⅲ) 言うまで見なく，「経験則」とは個人的な経験とは全く異なるものである。事実認定のための「法則」であって，それにより人の権利を制限し義務や責任を課す強力な機能を有する。それ故，それは単なる主観ではなく，科学的でなければならない。

ところが，那須意見がいうところの，「文献等に例示される典型的な論理則や経験則」とは異なる，これとは別の「我々が社会生活の中で体得する広い意味での経験則ないし一般的なものの見方」とは，個人的ないくつかの経験（体験・伝聞・見聞）から個人が帰納した知識を指す（そうとしか読めない）。那須意見は，このような「個人的経験から個人が帰納した知識」を，「文献等に例示される典型的な論理則や経験則」（多様な人々の経験から医学・心理学・社会学などの専門研究者が責任を持って帰納した経験則）よりも優先させ，無罪の結論を導びいている。しかし，「個人的経験から個人が帰納した知識」を「文献等に例示される典型的な論理則や経験則」よりも優先させることを正当とする論拠は，まったく何も示されていない。そもそも，「個人的な経験・知識」は，その正確さを検証することなどおよそ不可能であり，事実認定のルールである「経験則」には，到底，値しない（「経験則」とは事実認定に用いる「法則」であり，検証可能性は必須である）。余りに非科学的というほかない。

杉田聡教授（帯広畜産大学・哲学）は，「広く経験から帰納して得られた知識，法則」である経験則について，問題は「第一に，そもそも帰納されるべき経験の主体は誰か」ということであり，「第二に，それらの経験から帰納

によって経験則を導く主体は誰か」ということであると述べる。そして，「一般的・普遍的な適用性のある経験則」（そうでなければ「則」すなわち法則とは言えない）を帰納するために参照されるべき経験は，何より多様な人々の経験であることが不可欠であり，個人的経験から帰納された知識は「法則」の資格を欠くこと，多様な人々の経験から経験則を帰納する場合にも，単なる個人ではなく，長年の研鑽と経験を積んだ専門家が帰納すること，しかも一人の専門家ではなく専門家の集団によって帰納すること（もしくは専門家の帰納が専門家の集団によって検証されること）が必要で，そのときこそ，経験則は学説として「法則」という名でよばれるにふさわしいと指摘する[21]。そのうえで，那須裁判官のいう「我々が社会生活の中で体得する広い意味での経験則」について，「『我々』とあいまいに語られていますが，それは少なくとも性に関することであれば，補足意見を書いた裁判官にとってはおそらく男性のことでしょう。つまり，09年判決は，男性だけの経験——しかも男性一般というものは存在しない以上，実際にはほとんど裁判官の個人的な経験にすぎないでしょう——から裁判官自身が導いた狭い見方を，女性にそのまま当てはめようというのですから，驚きです。」と批判する[22]。正しい指摘と批判である。

　仮に「一般的なものの見方」を常識と言い換えてみると，「我々」の常識とは誰の常識かが問われなければならない。補足意見は「男性」の常識かもしれないが（異論がある男性も多いであろう），性暴力犯罪にあっては，被害者になる「女性」の常識こそが十分に参照されなければならない。

　杉田教授はさらに，「総じて性に関わることでは，男女の境界を超えて考えることは容易ではありません。性に関する男女の経験は，決定的と言ってよいほど異なっています。裁判官は圧倒的に男性です。女性と異なる身体を持った男性は，どんなに想像力を働かせても，女性の体験を明瞭な感覚を持って十分に追体験することは非常に困難であり……，したがって女性に，

---

(21)　杉田聡「逃げられない性犯罪被害者——無謀な最高裁判決」125頁〜130頁（青弓社2013年）。
(22)　同書129頁。

ことにその身体に関わりがある判断については，女性の経験や常識を十分に踏まえて，慎重の上にも慎重を期する必要があるはずです。」と述べる[23]。この明確な批判こそ，那須補足意見のいう「論理的に筋の通った明確な言葉によって表示された」という「疑い」が，いかにその言葉とは正反対の間違いを犯しているかを指摘するものである。

❷ 千葉事件[24] —— 最高裁第2小法廷判決平成23.7.25

(1) 公訴事実の要旨

被告人は，通行中の女性Ａ（当時18歳）を認めてにわかに劣情を催し，同人を強いて姦淫しようと企て，平成18年12月27日午後7時10分頃，千葉市中央区〈地番省略〉先歩道上において，同人に対し，「ついてこないと殺すぞ」などと語気鋭く申し向けて脅迫するとともに，同人のコートの袖をつかんで引っ張るなどの暴行を加え，同人を同所から同区内のビル北側外階段屋上踊り場まで連行し，同日午後7時25分頃，同所において，同人に対し，同人を壁に押し付け，左腕で同人の右脚を持ちあげるなどの暴行を加え，その反抗を困難にした上，無理やり同人を姦淫した。

(2) 争いのない事実

(a) 被告人は，平成18年12月27日午後7時10分頃，京成電鉄の千葉中央駅前の歩道付近で，たまたま通り掛かったＡに声を掛け，会話を交わし，その直後に，被告人とＡは同所から約80ｍ離れた本件ビルに歩いて移動し，階段を上り，本件現場に至った。被告人とＡとは初対面であった。

(b) 本件は，同日午後7時25分頃，本件ビルの北側外階段屋上踊り場において発生した出来事であり，その際，被告人は射精し，その精液がＡの着用していたコートの右袖外側の袖口部分の表面及び裏面に付着した。被告人

---

(23) 同書130頁。
(24) 判例時報2132号135頁，判例タイムズ1358号79頁，最高裁判所裁判集刑事304号139頁。評釈等として，前田裕司・季刊刑事弁護69号146頁同76号27頁，関口和徳・法律時報85巻118頁。

は，射精後，本件現場を離れ，1人で本件ビルから立ち去った。

(c) 本件ビルの警備員は，同日午後7時20分頃，制服を着用して本件ビルを警備のため巡回した際，本件現場にいた被告人とAのすぐ近くを通り掛かったが，そのまま通り過ぎた。

(d) Aの勤務先飲食店の経営者及び従業員は，Aを伴い，同日午後8時30分頃，本件ビル地下1階の警備室を訪ね，警備員らにAが本件現場で強姦被害に遭った旨を訴えたが，警備員らと口論となり，警備員らの通報を受けて警察官が臨場した。その際，Aは警察官に対し，強姦被害に遭ったことと，その際に警備員が本件現場を通り掛かったことを申告した上，その場にいる複数の警備員の中から通り掛かった警備員を特定した。

(e) 被告人は，平成20年6月に東京に東京都足立区内で，報酬の支払を条件にマンションの階段踊り場で女性に対し，自ら手淫行為をする様子を見るように依頼し，その同意を得て同女の手のひらに射精したのに，報酬を支払わずに逃走したため，同女が警察に被害申告する事態となり，付近で発見され，事情聴取を受けた。この件は事件にならないものとして処理されたが，その際遺留された被告人の精液のDNA型鑑定から，Aのコート袖口部分に付着した精液との同一性が判明し，被告人は本件について検挙されるに至った。

(3) 争　　点

被告人は，本件当日，報酬の支払を条件にAの同意を得て，本件現場にAと一緒に行き，手淫をしてもらって射精をしたが，現金を渡さないまま逃走したと供述し，暴行・脅迫及び姦淫行為の事実を否認している。暴行・脅迫及び姦淫行為を基礎づける客観的な証拠は存在しない。そのためAの供述の信用性が最大の争点。

(4) 原審等の判断

(a) 第1審判決は，Aの被害状況に関する供述は，屋上踊り場において被告人が射精し，Aが着ていたコートの右袖外側の袖口部分に被告人の精液が

付着していたという事実に符合すること，下着を脱がされた際にパンティストッキングが破れたので，近くのコンビニエンスストアで新しいものを購入し，履き替えたという供述については，本件犯行直後の時間帯に同店でパンティストッキングが販売された旨の販売記録により一応裏付けられていること，勤務先飲食店でのミーティングに出席後，同店で出す飲料水等を買いに出たAが，これらを買うことなく同店に泣き顔で戻り，心配して理由を尋ねた同店従業員らに対し，本件被害事実を申告したという経緯は，Aが供述するような被害に遭った女性の行動として自然かつ合理的なものであること，警備室を訪れた際に通り掛かった警備員を識別して申告しており，事実を真摯に訴えようとしている姿勢がうかがわれること，Aが虚偽の供述をする動機が見当たらないことなどが認められ，これらに照らせば，Aの供述は，その供述内容にやや不自然な側面があることを考慮しても，全体として十分信用できる，とした。被告人は有罪。

(b) 控訴審判決は，Aの本件被害に関する供述については，被害直後の勤務先飲食店の従業員らに対する訴え及びその後の警察での供述，その約1年9カ月後に被告人が本件について検挙された段階の検察官に対する供述，第1審での公判供述，その約9カ月後の原審での公判供述があって，その内容は，細部についてはともかく，基本的に一貫していること，第1審及び控訴審での各公判供述の際に弁護人の反対尋問に対して動揺していないことなども判示して，第1審判決の上記判断を是認し，被告人の控訴を棄却した。

(5) 最高裁の判断

(a) 原判決を破棄し無罪を言い渡した（自判）。須藤裁判官と千葉裁判官の補足意見，古田裁判官の反対意見がある。

(b) 多数意見の理由

「本件公訴事実のうち，暴行，脅迫及び姦淫行為の点を基礎付ける客観的な証拠は存しない。そうすると，上記事実を基礎付ける証拠としては，Aの供述があるのみであるから，その信用性判断は特に慎重に行う必要がある。」としたうえで，暴行・脅迫の有無，姦淫行為の有無，被告人供述の信用性を

第 1 章　データからみる性暴力被害の実態

検討し，Ａの供述には疑義があるとした。そして，「全面的にＡの供述を信用できるとした第 1 審判決及び原判決の判断は，経験則に照らして不合理であり，是認することができない。」として，原判決を破棄し，被告人を無罪とした。即ち，

（i）　Ａは午後 7 時 10 分頃，人通りもある駅前付近の歩道上で，被告人から付近にカラオケの店が所在するかを聞かれ，それに答えるなどの会話をしている途中で突然「ついてこないと殺すぞ。」と言われ，服の袖をつかまれ，被告人が手を放した後も，本件ビルの階段入口まで被告人の後ろをついて行ったと供述する。

しかし，その時間帯は人通りもあり，そこから近くに交番もあり，駐車場の係員もいて，逃げたり助けを求めることが容易にできる状況であり，そのことはＡも分かっていたと認められるにもかかわらず，叫んだり，助けを呼ぶこともなく，また，本件現場に至るまで物理的に拘束されていたわけでもないのに，逃げ出したりもしていない。これらのことからすると，「恐怖で頭が真っ白になり，変に逃げたら殺されると思って逃げることができなかった。」というＡの供述があることを考慮しても，Ａが逃げ出すこともなく，上記のような脅迫等を受けて言われるがままに被告人の後ろを歩いてついて行ったとするＡの供述内容は，不自然であって容易には信じ難い。

Ａは，本件現場で無理矢理姦淫される直前に，被告人やＡのいる 1m50cm 程度のすぐ後ろを制服姿の警備員が通ったが，涙を流している自分と目が合ったので，この状況を理解してくれると思い，それ以上のことはしなかったと供述している。しかし，当時の状況が，Ａが声を出して積極的に助けを求めることさえ不可能なものであるかは疑問であり，強姦が正に行われようとしているのであれば，Ａのこのような対応は不自然というほかなく，この供述内容も容易に信じ難い。

（ii）　20cm 余りの身長差のある被告人に右脚を被告人の左手で持ち上げられた不安定な体勢で，立ったまま無理矢理姦淫された旨のＡの供述は，これは，わずかな抵抗をしさえすればこれを拒むことができる態様であるし，このような体勢においては被告人による姦淫が不可能ではないにしても容易で

第1編　性暴力被害の実態

なく，姦淫が行われたこと自体疑わしい。

　本件当日深夜に採取されたAの膣液からは，姦淫の客観的証拠になり得る人精液の混在は認められなかったし，膣等に傷ができているなどの無理矢理姦淫されたとするAの供述の裏付けになり得る事実も認められなかった。

　(iii)　Aがコンビニのゴミ箱に捨てたと供述する破れたパンティストッキングは直後の捜査によっても発見されていない。

　Aは，破れたパンティストッキングを捨てた後，当初はコンビニエンスストアで新たにパンティストッキングのみを購入したとしていたものを，その後，コンビニエンスストアでのレジの記録からこれに符合する購入が認められないとなると，第1審では何かを一緒に購入したかもしれないとして，レジの記録に沿うよう供述を変化させ，原審では飲物を買ったような記憶があるとしており，供述内容に変遷が見られる。

　(iv)　被告人は，3万円の現金をチラシにはさんでAに見せながら，報酬の支払いを条件にその同意を得て，本件現場にAと一緒に行き，手淫をしてもらって射精をしたなどと供述するところ，その供述内容と同様の事実（竹の塚の件）が存在すること，被告人は日頃からそのような行為にしばしば及んでいたと供述し，被告人の携帯電話に保存された写真の中にそうした機会に撮影されたとみられるものが相当数存在することなどの事情を併せ考慮すると，本件に関する被告人の供述はたやすく排斥できない。

(6)　検　　討

(a)　上記(i)～(iii)については，古田裁判官の詳細な反対意見がある。即ち

(i)　通行人が相当数ある路上で脅迫行為，ときには暴行も行われることはまれではない。性犯罪では，被害者（多くの場合女性）が，威圧的な言動により委縮して抵抗できなくなる場合が少なくないのが実態であって，警戒していない相手が態度を豹変させて粗暴な威圧的言動を示すと，恐怖を感じパニックに陥るのはよくあることである。女性を委縮させ，心理的に抵抗ができない状態に追い込むには，多くの場合，粗暴な威圧的態度を示すのみで十分であることはつとに指摘されている。「殺すぞ」という明白な危害の告知

第1章　データからみる性暴力被害の実態

を受けた場合に抵抗できない状態になることに何の不自然もない。

　客観的事後的には，助けを求めあるいは逃げることが容易であると認められる状況や機会がありながら，積極的にそのような行動に出ることができず，抵抗しないまま犯人の意のままになっていることもしばしばみられる。被害者としては，周囲の者が怪しんで声をかけるなどしてくれ，犯人が断念することを願うにとどまることも多い。警察官が直ぐ近くにいても助けを求めることができないことも珍しくないのであって，交番が近くにあるということにもさして意味はない。

　この種の犯罪に関しては，通行人等も，よほどの異常を感じない限り，男女間の問題と考えて見ないふりをすることが多い。本件警備員も，夜7時過ぎ頃にマンションの居住者と思われない男女が人目に付きにくい屋上に出る階段の踊り場に入り込んでいたのであるから，プライバシーに介入することを怖れて放置することは十分ありうる。

　(ⅱ)　Aが述べる姦淫の方法，姿勢は，想像により容易に述べられるものではない一方，いわゆる立位のそれとして代表的なものの一つであり，それ自体不自然なものではない。被告人とAとの身長差は約22cmであるが，問題はまた下の位置の差であるところ，日本人の平均的な身長対また下長の比率からすると，その差は，パンプスが左右とも脱げていたとしても，約10cmと推認され，姦淫行為の実行に支障があるようなものではない。Aに壁にもたれかかる姿勢をとらせていたというものであって，被告人の姿勢が特別不安定になるようなものでもない。

　被告人は膣内で射精していないと認められるので，（Aの膣液から人精液の混在が認められなかったのは）むしろ当然。そのような場合でもなお精液が検出されることがあるのは事実であるが，精液等が検出されないことが不自然であるという法医学上の知見は承知しない。外傷が認められない点も，Aは被告人にされるがままになっていたというのであるから，体表に外傷が生じる契機はなく，膣内についても顕著な傷害が生じる可能性は考えられず，微細な表皮剥離も含めて何らかの軽微な傷害が生じるかどうかは，女性の体調年齢等によることが大きいと思われる。

第1編　性暴力被害の実態

(iii)　（破れたパンティストッキングが）発見されなかった理由は明らかではないが，ゴミ箱の捜査がなされたのは時間が相当経過してからと思われるところ，それまでの間のゴミ箱の処理の状況等も明らかでない。実際に捨ててもいないのに特定のごみ箱に捨てたという，裏付けを取れば判明する怖れが高い虚偽の事実をAが作出する理由は見出しがたい（原審は「初動捜査にあたった警察官において，どの程度まで徹底した捜索作業が行われたか明らかといえず」として初動捜査のミスの可能性を指摘している）。

　また，強い精神的ショックを受けた場合，強く意識したものではない行動などについて記憶が欠落していることはしばしば見受けられ，そのような場合，他の証拠から，明瞭な記憶はないものの実際はそのようなことがあったのかもしれないと考えるようになることは自然。Aの供述は，飲み物を買ったことの確実な記憶があるとしているわけではなく，「確実なことはわからないが，そのようなことがあった気もしてきた」というのがその趣旨。Aは自己の記憶について率直に供述しているものと認められ，上記を持って供述の信用性に疑義を生じさせるような変遷とすることは当を得たものではない。

　(b)　この古田反対意見は，被害の実態・被害者の被害時の行動についての心理学・精神医学などの知見に照らし，正当なものである。

　多数意見は「経験則」に照らしてAの供述は信用できないとし，補足意見の中でも「経験則」という用語を多用しているが，そのような「経験則」を正当とする根拠は一切明らかにされていない。多数意見の挙げた理由(i)～(iv)には，以下の疑問がある。

　(i)　安全な場所・立場にいる裁判官は，「殺すぞ」と脅されても容易に逃げられるはずだと思うかもしれない。しかし，実際にそのような危機に直面した女性にとって，それはとても困難なことである（男性であっても，夜，突然見知らぬ男から「殺すぞ」と脅されたら，抵抗は容易でないであろう）。そもそも，危機に直面したとき，人は，逃走（回避）か闘争（抵抗）かではなく，その前に固まってしまう（フリーズする）ことが多い。女性が性犯罪の標的にされ，男性の脅迫的な言動を受けた場合に受ける恐怖とショックは著しく，金縛りにあったように体が硬直し，とっさになすべき判断もできず，相手の

言いなりになってしまうことは，十分にあり得ることである[25]。Aは，20センチ以上（正確には23センチ）も身長差がある被告人から，「殺すぞ」と脅され，「そのときにものすごく怖かったので……もう頭が真っ白になってしまって」「そのときは……もう逃げられるということが浮かばなくて」「もうとにかく怖くて声もでなかったような感じです」などと述べている。他の多くの被害者の供述や心理学・精神医学の知見に照らし，Aのこの供述は自然のこととして理解できる。

　前掲内山の調査でも，強姦被害に至る手段としては最も多かったのは「さからったら殺すぞ，おとなしくしろ等と言葉で脅された」61.8％であり，「その他の言葉による脅しを受けた」26.4％もあって，言葉による脅迫が十分に被害者の意思を抑圧していたことがわかるし，「相手の体が大きいので（相手の力が強いので）逆らえないと思った」48.2％は，言葉による脅迫すら不要な場合が相当数あることを示している。そして，とても怖く（87.3％），ショックで（73.6％），言うことをきかないと殺されるかもしれないと思い（70.9％），相手から何をされるかわからず（57.3％），どうしてよいかわからず（53.6％），抵抗したかったが出来ず（46.4％），何もできなかった（33.6％）という強姦被害者が多い。多数意見がこのような調査結果を理解していたのか，相当に疑わしい。

　また，多数意見は，「『恐怖で頭が真っ白になり，変に逃げたら殺されると思って逃げることができなかった』というAの供述があることを考慮しても」と言いつつ，そのようなAが「逃げ出すこともなく，上記のような脅迫等を受けて言われるがままに被告人の後ろを歩いてついて行ったとするAの供述内容は，不自然であって容易には信じ難い」としている。つまり，「頭が真っ白になろうと，逃げたら殺されると思おうと，とにかく逃げろ，抵抗しろ。それができなければ信用しない。」ということである。裁判官は「頭が真っ白になろうと，逃げたら殺されると思おうと，普通は逃げられるはずだ，抵抗できるはずだ」と考えたのであろうが，そのような「経験則」が存

---

(25)　詳細は宮地論文（本書第2章以下）。

在するとの根拠を一切示していない。要するに、「自分はそう思う、自分ならならできる」と言っているにすぎない。

　しかし、「殺すぞ」と脅された女性が何よりも強く思うのは「助かりたい」ということであり、そのためには望まなくても相手の脅迫を受け入れざるをえないこともある。抵抗したら殺されると思い、助かりたい一念で抵抗せず、あきらめて我慢することは、決して「同意」ではない。女性が男性に脅されても逃げられるし抵抗もできるというのは、典型的な強姦神話である。

　古田裁判官は、「通行人がいる路上であるから脅迫行為が行われることは通常考えられないとか、容易に逃げたり助けを求めることができるのに被害者がこれらの行動にでないのは不自然であり、抵抗を試みていないのは不自然であるというような考え方は、この種犯罪の実態から乖離したものであって、現実の犯罪からはそのような経験則や原則が導かれるものではない。」と指摘している。しかし、この指摘に対する4人の裁判官からの根拠ある反論は、補足意見を含めた判決文を見る限り、どこにもみられない（反対意見に明記されているということは、5人の裁判官の間で検討対象となったことを示すが、それにも関わらず、である）。

　また、警備員について、多数意見は「当時の状況が、Aが声を出して積極的に助けを求めることさえ不可能なものであるかは疑問であり」とする。しかし、前掲内山調査では、3人に1人（33.6％）の強姦被害者が「何もできなかった」（やめてくれと加害者に頼んだり、大声で助けを求めたり、付近の民家や店に駆け込んだり、といったことすらできなかった）のであり、十分にありうることであって、多数意見の疑問は理解しがたい。警備員がそのまま通り過ぎたことについても、冬の夜7時過ぎに人目につかない階段踊り場の暗がりに男女が潜んでいれば、その場面にたまたま遭遇した者は、カップルが親密な時間をすごしていると思い、見て見ぬふりをするのが通常であろう。まさに本件警備員がそうであった。古田裁判官が述べるとおりである。

　さらに、千葉裁判官（裁判長）は「Aは18歳で若年ではあるが、当時、キャバレークラブで勤務しており、接客業務の経験もあって、それなりの社会経験を有しており、若年であることを過度に重視すべきではない。」とし

ている。しかし，女性がキャバレーに勤務し接客業務の経験があるとしても，そのことから路上で見知らぬ男性から「殺すぞ」と脅迫された場合に抱く恐怖感が一律に低減するわけではないし，見知らぬ男性からの性的行為の誘いに容易に応じるわけでもない。Aが喫茶店やレストランの接客従業者であったとしても，千葉裁判官は同じ意見を述べたのであろうか。この意見もまた典型的な強姦神話である。

また，多数意見は「その時間帯は人通りもあり」としているが，本件の起きた時間帯に「人通りが多かった」という証拠は何ら提出されていない。何故，そのように決めつけるのであろうか[26]。

(ii) 体勢についても古田裁判官の述べるとおりである。抵抗できないまま，人気がない階段踊り場に連れて行かれて，ますます恐怖に駆られたAにとって，「わずかな抵抗」などできるはずもなく，大柄な男性と小柄な女性が立位で交接することは容易である。

Aの膣液から人精液の混在が認められず，膣等に傷が認められなかったとされる点についても，「これらの点は結局，Aの供述以外に姦淫行為があったことを示す客観的な証拠はないというにとどまり，それ自体は不自然なことではないから，Aの供述が不自然であるという理由とはならないし，事実認定に疑問を生じさせるようなものではない。」との古田裁判官の指摘は，正しい。この指摘は，精液や膣の傷だけでなく，他の客観的証拠についてもあてはまる。客観的証拠はある方がよいし，当該具体的な状況の下では客観的証拠があるのが当然という場合に，これがないとしたら不自然と考えられることはあるだろう。しかし，客観的証拠がないことが不自然でない場合には，そのこと故に供述の信用性を疑うのは，非論理的である。

そして，性犯罪の特色は，物証や目撃証言などの客観的証拠が乏しいことである。

被害者は恐怖に縛られ，抵抗できずに加害者の言いなりになることが多いが，その場合，加害者は暴行を加えたり無理やり挿入する必要はなく，ス

---

[26] 前掲杉田教授は，事件があったのと同じ12月27日午後6時〜8時に現場に赴いたところ，むしろ閑散としていた，と述べている（前掲注21・40頁）。

第 1 編　性暴力被害の実態

ムースにやすやすと性交することができるし，膣や外陰部に何らかの外傷が生じる可能性はほとんどない。強姦罪は，暴行または脅迫を手段とする犯罪であるが（判例によれば，相手方の反抗を著しく困難にする程度の暴行または脅迫），その暴行は性交自体に存在する必要はなく，既に被害者の意思が抑圧されていれば，何の抵抗をうけることもない。しかも，膣はいちじるしく拡張性の高い膜性筋性の臓器であり，かならず傷つくものではない。3キロを超える胎児が無傷で通過できるほど拡張性が高い臓器なのである[27]。「強姦＝膣等に傷」という思い込みは，法律的にも医学的にも性被害の実態に照らしても，根拠がない。膣内から精液が検出されなかったことを理由に性交が行われたか否か疑わしいとする多数意見も，膣は皮膚の中でも接触物の吸収率がきわめて高い臓器であること（膣内に入った精液の一部は皮膚内に吸収される）や，Ａのコートの袖やバッグに付着した精液が性交後に膣外射精された精液である可能性をまったく検討しておらず，説得力がない。

目撃証言についても，多くの場合に目撃者はいないし，たまたま遭遇した者がいたとしても，男女間のとりわけ性的行為の気配を感じるとそれだけで見ぬふりをするのが通常であること（階段踊り場の暗がりに男女が潜んでいれば，カップルが親密な時間をすごしていると考え何ら介入しないのが普通）は，前述した。

このように，多数意見は間違った思い込みに基づいて「あるべき証拠がない」としているが，それは「なくても何ら不思議ではない証拠」である。

(iii)　Ａは，破れたストッキングを脱ぎ捨てたあと，コンビニで新たなストッキングを買ったと述べていた。しかし，第１審の証人尋問の際にストッキングだけを購入したとのレジの記録がないことを指摘され，「記憶には全くないんですけど，そこでストッキングを買ったのは間違いないので，それ（ストッキングだけを購入したというレジの記録）がないということであれば，ほかに何か買ったかもしれないと思います」と証言し，控訴審ではストッキングと同時にペットボトル飲料を買ったかのように証言した。多数意見はこ

---

(27)　堀本恵美「必ず膣などが傷つくのか」前掲杉田「逃げられない性犯罪被害者　無謀な最高裁判決」63頁。

第1章　データからみる性暴力被害の実態

れを「レジの記録に沿うよう供述を変化させ……供述内容に変遷が見られる」とし，千葉裁判官は「客観的な事実に合わない点が出てくると微妙に供述を変化させている」とまで断じている。

　しかし，一般に，記憶はふつう思われている以上に曖昧であり，何かのきっかけで混乱が生じたり，忘れていたことを突然思い出すということは，心理学的に十分にありうることであるし，我々が日常的に経験することでもある。とくに性暴力被害の場合には，被害者は心的外傷を行けた際の出来事（強姦被害）に関わる事柄を思い出せなかったり，混乱することがある。また，本件は被害発生から控訴審終結までに約3年が経過しており，記憶がより曖昧になるのは自然のことである。そもそも，本件でAの供述は全体として変遷していないことは控訴審が述べるとおりであるし，最高裁多数意見も公訴事実記載の行為についてのAの供述の変遷を指摘しているわけではない。

　他方，被告人の供述は基本的なところでかなり変遷している。補足意見を述べた須藤・千葉両裁判官でさえ，「被告人の供述には重要な点でにわかには納得しがたい変遷がある」（須藤），「被告人は，捜査段階では捜査官から非難や疑問をぶつけられるとそれに対応して供述を変え，第1審で不自然であると指摘されると，相応に供述を変えるなどしており」（千葉）としている。ところが，例えば千葉裁判官は，被告人の供述の信ぴょう性には問題となる点が3点あるとしつつ，変遷した弁解は犯罪の成立を基礎づける事実そのものについてのものではない，客観的な事実ないし当時の状況と矛盾しないし被告人の弁解の骨格と整合する，供述を変えた理由もそれなりの説明になっているなどとして，「供述が変わっていることのみを理由に，むげにその信用性を否定することはできない」とする。しかし，Aの供述の「変遷」として同裁判官が非難しているのは上記1点だけであり（コンビニでストッキングと同時にペットボトルを購入したかどうか），しかも，その「変遷」は犯罪の成立を基礎づける事実そのものではなく，客観的事実ないし当時の状況と矛盾しないしAの供述の骨格と整合しているし，供述を変えた理由もそれなりの説明になっている。何故，被告人の供述とは異なり，Aの供述についてだけは「むげにその信用性を否定できる」のであろうか。同裁判官はその理由

第1編　性暴力被害の実態

をまったく述べていない。

(iv) 被告人は「100人くらいの女性に町で声をかけ，3000円から3万円を払って手で陰茎をこすってもらったりしていた」と供述している。しかし，そのような事実は証明されていないし，仮にそのような行為を繰り返していたとしても，他の（把握されていない）行動もありうるのであるから，そのような「行動傾向」があるとして被告人の供述の信用性を肯定しうる理由の一つとすることは疑問である。この点は，須藤裁判官も「被告人がしばしば行ってきたという手淫関連の性行為と姦淫とは一般に密接な連続性がある」としている。また，古田裁判官は「被告人は約5年間，金銭を提供しあるいは提供することを装って，階段踊り場や駐車場等で手淫等の性的行為をさせることを繰り返し，時には姦淫に及んでいたのであって，その中には他人に見られたことや必ずしも被告人の意のままにならない女性もいたであろうことは十分想定できるところ，上記の点を含め，他人の反応，女性を意に従わせる手段や女性がどのような行動をとるかなどを熟知していて不思議はない。」とする。ところが，これらの指摘に対し，多数意見は何らの見解を示していない。

(c) 以上のように，本判決が前提とした「経験則」には重大な疑問がある。

❸ おわりに

1907年に制定された刑法は，当初から強姦罪・強制わいせつ罪については規定自体に性差別を内包しており，これが性差別に無自覚な法律家（法実務家および研究者）によって差別的に解釈適用され続けた。1946年に両性の平等を定めた日本国憲法が制定され，この際に刑法規定や司法関係者の認識も大きく変わるべきであったが，何の変化もなく，しかも変わらないことについて司法関係者の自覚はまったくなかった。以来約70年が経過し，その集大成が上記2件の最高裁判決である。男性中心で100年以上を経過した日本の刑事司法の欠陥は，あまりにも大きい。

●●●第2章●●●
精神科医から見た性暴力被害の実態

———————————————————————— 宮地尚子

　「刑事裁判が何のメリットも自分にないのは分かっています。でも裁判で自分が被害者だということを認められるまで，私は人間ではないんです。毎日死にたいと思っていますが，今死んだら人間と認められないまま死ぬことになります。監禁されて人間扱いされなかった時の自分のままです。裁判で勝ったら，やっと安らかに死ねると思います。」

❶ はじめに

(1) 性暴力対策の遅れ

　筆者はこれまで，精神科医として，多くの性暴力被害者の臨床に携わってきた。専門は文化精神医学および医療人類学で，大学では社会科学系の教育・研究を行っており，はじめから性暴力やトラウマ，ジェンダーに関する問題を専門にしようと思っていたわけではない。1990年代後半から，女性の精神科医が少ないということもあったのだろうか，支援団体から少しずつ性暴力被害者を紹介されるようになり，今に至っている。

　ひとことで性暴力と言っても，実際にはいろいろなものがある。レイプ，セクシュアル・ハラスメント，痴漢，子どもへの性的虐待，また，ストーカーやDVとも関連している。若い世代ではデートDVも多く，そのなかでデートレイプなどのさまざまな被害が起きている。したがって，「性暴力」という言葉にすべてをひっくるめて，一個のものとして語ろうとするその行為自体が，いかに性暴力がこれまできちんと扱われてこなかったかということを表しているとも言える。たとえば，交通事故を考えてみればよい。交通事故にはいろいろな種類がある。そしてその種類ごとに，被害と加害の

第 1 編　性暴力被害の実態

責任の程度や，事故の後遺症がどういうものであるかについて，細かく分析されている。「すべての交通事故」の被害者のうち，何％がPTSDになるとか，そういう大雑把な議論はあまり意味をなさない。まず把握すべきなのは，「ど・う・い・う・交通事故なのか」ということである。このように，交通事故や他のことについては詳細まで多岐にわたり分析や研究，理解がなされているにもかかわらず，性暴力については，まだそこまでの環境が整っていないのが現状である。「性暴力被害」とだけ言っても，人によって思い浮かべるイメージがまったく違うということもありえる。

とくに日本では，性暴力を話題に出したり，それを問題にしたりすること自体が最近のことであり，分析や研究が進んでいるとは言いがたい状況がつづいている。また，専門家そのものも非常に少ない。当初は筆者自身も，さまざまな性暴力やそのトラウマについて何もわかっておらず，事件中・事件後に被害者が示す予想外の反応や行動に驚き，戸惑うことも多々あった。しかし，何人もの被害者の方々と出会うなかでさまざまなことを学び，海外の専門文献と照らしあわせながら少しずつ理解を深めてきたという経緯がある。

(2)　性暴力被害者にとっての司法と回復

冒頭で紹介した言葉は，そうした出会いの中でも，とりわけ被害体験が過酷だったケースの被害者が，刑事告訴を試みたときの言葉である。被害者の瑞穂さん（仮名）は30代のとき，つきあいはじめた男性に監禁され，その後1年あまり身体的・性的暴力を受け続けた。殴る蹴るは日常茶飯事で，性的強要がくり返され，それをさまざまなかたちで記録媒体に撮られ，脅迫された。約1年の後，加害者の隙をみて何とか逃げ出すことができた。久しぶりに再会した友だちからは，「無事でよかったね」と言われた。しかし彼女は「全然無事じゃない，心の中はずたずたで，もう以前の自分は存在しない」と感じたという。ビデオなどの記録は，今もどう流通しているかわからない。

筆者の臨床につながった彼女は，刑事裁判を起こすことを考えていた。裁判は，刑事にしても民事にしても被害者に多くの負担をかけ，症状を悪化さ

第2章　精神科医から見た性暴力被害の実態

せることが多い過酷な過程である。精神医学的に臨床に携わっている立場からすれば，彼女の精神的な回復のみを考え，「そんなことに関わらないで，次の人生に向かっていった方がいいのでは」という葛藤はもちろんあった。しかし彼女は，自分の尊厳のようなもの，自分の人間性を取り戻すために，刑事裁判が必要だということを，はっきりと言った。

　残念ながら刑事裁判は不起訴になった。本稿で後述するような，さまざまな性暴力被害に対する誤解や強姦神話，ジェンダー・バイアスなどによって，事件が検察で「内縁関係のもつれ」とみなされてしまったからである。その時の検察には女性もいたが，女性だから女性への暴力被害の実態がよく理解できるというわけではない，ということもよくわかった。その後，民事裁判では全面勝訴となったが，その判決書には性的な被害のことがほとんど書かれておらず，監禁のことが中心になっていた。それに対して瑞穂さんはどうしても納得ができず，「わたしは，性的侵害を繰り返し受けたということがとても重要なんです」と訴えた。主治医としては，むしろ「勝ったんだから，もうやめようよ」とむしろ言う側であったが，その後の高裁では，幸いにも改めて性暴力被害の重さというものが認められて，再び勝訴することとなった。

　賠償金は，加害者の支払い能力なしということで，彼女の元には届いていない。そういう意味では，彼女は裁判によってお金も何も得ていない。しかしそれでも，判決書の中で彼女の被害内容，とくに性的侵害がきちんと認められていたことで，彼女はずいぶん気持ちの整理がついた様子だった。冒頭の文章では死が仄めかされてもいるが，幸いなことに，彼女は今も生きている。

(3) 本稿の目的

　瑞穂さんのケースのように，裁判を起こして社会的に被害の事実が認められるのは，すべての性暴力被害のなかでも，ほんの一部である。2012年の内閣府調査報告によれば，「異性からむりやりに性交された経験」が女性の7.6%にあったが，そのうち，そのことを誰にも相談していない人の割合は

43

第 1 編　性暴力被害の実態

67.9％，警察に連絡・相談した人の割合は 3.7％ であった[1]。その中で起訴されるケースはもっと少ない。有罪判決が出るのはさらに少数である。これはつまり，レイプのほとんどは，加害者が処罰されないということを意味している。

　被害を受けた女性（そして男性）たちは，なぜ沈黙を余儀なくされてきたのだろうか。なぜ性暴力以外の犯罪のときと同じように，被害を警察に訴えようとしないのだろうか。捜査や裁判において，被害事実が正当に評価されないこと，被害事実の正当な評価が立件や起訴の決定や判決にきちんと反映されないことが多々あるのはなぜなのだろうか。

　それにはさまざまな要因が関わっているが，主なものとして，被害のうちあけにくさ，理解されにくさ，二次被害（被害をうちあけた際，「あなたにも隙があったんじゃないか」「嘘をついているんじゃないか」といった否定的反応をされて，さらに傷つくこと）の多さなどがある。ではなぜ性暴力にはそうしたことがつきまとうのだろうか。ひとつは，PTSD を初めとする各種のトラウマ反応や症状の基本的性質に対する社会や専門家の無理解がある。また，性暴力という犯罪そのものに内包される，誤解を受けやすい性質，そしてジェンダー・バイアスをもたらしやすい性質も，関わっている。その結果，被害者のリアリティは誰にも理解されず，回復のための環境が整わないため，PTSD の発症率の高さや重症化や遷延化につながる。そして症状が重くなればなるほど，さらに理解してもらいにくく，誤解を招きやすくなるという悪循環も起きてくる。

　こうした知識は，司法関係者はもちろんのこと，精神科医や心理士ですらも，大学や大学院で体系的に学ぶ機会がないのが実情である。そのこと自体が大きな問題であり，毎回事件が起こるたびに専門家たちが被害者の方から学ばせて頂かなくてはならないという状況を，わたしたちは変えていく必要がある。

　したがって本稿では，海外の大規模調査の結果や国内外の先行研究を基に，

---

(1)　内閣府男女共同参画局「男女間における暴力に関する調査」報告書〈概要版〉2012。

筆者の臨床経験もふまえて，性暴力被害の実態についてまとめてみたい。
　まずは事件の最中や後に被害者に起こるトラウマ反応について，精神医学的見地からの説明を行う。法廷では，事件前後の被害者の行動や反応が争点となることも多いが，そのときに持ち出される経験則や「一般的に」考えられる行動と，研究調査によって明らかにされた実際の人間の行動とでは，大きく食い違うことも多い。また，トラウマ反応の代名詞的な存在となっているPTSD概念は，今日法的にも重要な意味をもつが，まだ十分に理解されているとは言いがたく，2013年には診断基準の改定もあったため，いま一度確認しておく必要があるだろう。次に，性暴力被害のトラウマが重傷化・遷延化しやすいという事実をとりあげ，その理由について考察する。そして，なぜ被害者は事件後も心ない言葉に傷つけられ，回復のための（法的，精神的，社会的など，ありとあらゆる）資源から遠ざけられてしまうのかについて，性被害に対する大きな誤解と偏見という視点から論じる。さいごに，それらを通して，今後必要とされる対策についても考えてみたい。

❷ 性暴力被害の実態と影響

(1) 事件の最中と直後の反応

　性暴力被害のような外傷的出来事に遭遇したとき，人はどのような反応をみせるのだろうか。まずは，事件の最中と直後の反応を紹介しよう。これまでのトラウマ研究において，事件後の影響について言及しているものは多く見られるが，実は，事件の最中や直後のことについては触れられていないことも多い。しかし，事件があったそのとき，当事者に何が起きているのかという反応を知ることは，法律関係者や周りの人間が実際の状況を理解するのに重要であることはもちろん，本人にとっても必要なことである。「あのときどうしてこういう行動をしなかったんだろう」「あのときなんでそのまま動けなかったんだろう」などの後悔や自責感は，さまざまなかたちで後々，被害者を苦しめ悪影響を及ぼすからである。
　トラウマというのは「異常な出来事に対する正常な反応」である，という説明がされることがある。そのためか，当事者以外の人間は，自分の日常感

覚をひきのばすことによってトラウマ反応を理解しようとする傾向がある。しかし，トラウマを引き起こすほどの恐怖というものは，日常的なレベルの「怖い思い」とは大きく違うものである。そのような恐怖に直面したとき，人間には，日常では考えられないようなさまざまな思いがけない反応が起きることが多々ある。

そのとき，大脳皮質の機能は抑えられ，生存に関わる脳の部分が急激に活性化してくる。考えるより先に身体が反応し，手が震えて止まらない，足に力が入らない，金縛りになるなどの反応が起きるかもしれない。また，そのつもりはないのに相手の命令に自動的に従ってしまったり，現実感がなくなり，自分に起きていることとは思えなくなったりすることもある。人間的な思考よりも，動物レベルの危機反応が優先するのである。

また，これまでは，「危機的状況において人は，生存のために逃げたり闘ったりするものだ」と考えられてきた。一般的にも，とっさに行動できるはずだという思い込みや，できるべきだという価値観が共有されているようである。けれども実際には，攻撃を受けた動物には，不動反射（フリーズ反応）が起きることがしばしばある。動きをやめ，目を凝らし，耳を澄ますことによって，周囲の観察をすることや，敵に見つかる可能性を低めることができる。不動反射が起きない場合は，強直性不動という偽死反応が起きることもある。動物でも人間でも，びっくりするとまず身が固まったり，すくんだりするものなのである[2]。

その他にも，事件直後の反応に関するよくある誤解のひとつに，「事件の翌日もいつもどおり仕事に行ったのは不自然」だという主張がある。裁判などで，それを根拠に被害事実の否定がなされることも多い。しかし，性暴力などの被害者が，事件の次の日に仕事に行くというのは決して珍しいことではない。どうしていいかわからず，とりあえずは誰にも知られたくないので，予定どおりの行動をこなすという人もいる。衝撃のために思考能力が落ち，習慣的になった行動をとり続ける人もいる。

---

(2) Moskowitz AK（2004）"Scared stiff": catatonia as an evolutionary-based fear response. Psychol Rev. 2004 Oct;111(4): pp. 984-1002.

また，事件直後の被害者が，いつもと変わりなく，「冷静」に見えるということも少なくない。あまりに事件の衝撃が強いとき，自分を守るために，現実をそのまま受け入れるのではなく，感情を麻痺させてなんとか自分を抑えるような自動的な機能が働くことがあるからである。意識や記憶の一時的な消失があるときもある。よく，事件中の出来事について，被害者は自分のことを上から見ているように感じていた，と報告されることがあるが，それもこの麻痺や解離という反応のひとつである。こうした麻痺，離人感，現実感の喪失などを，急性解離症状，周トラウマ性解離症状という。このような症状が出ることを急性ストレス反応（ASR）といい，通常は48時間程度でだんだんおさまってくるとされているが，それが強い場合には，急性ストレス障害（ASD）という診断名をつける。またこのような症状がつづき，外傷的出来事から1カ月を超えると，PTSDに診断が変わる。

(2) トラウマ後の反応

(a) PTSD

資料　DSM-5（精神疾患の診断・統計マニュアル 第5版）診断基準
三〇九・八一　心的外傷後ストレス障害の診断基準

> A．実際にまたは危うく死ぬ，重症を負う，性的暴力を受ける出来事への，以下のいずれか1つ（またはそれ以上）の形による曝露：
> (1) 心的外傷的出来事を直接体験する。
> (2) 他人に起こった出来事を直に目撃する。
> (3) 近親者または親しい友人に起こった心的外傷的出来事を耳にする，家族または友人が実際に死んだ出来事または危うく死にそうになった出来事の場合，それは暴力的なものまたは偶発的なものでなくてはならない。
> (4) 心的外傷的出来事の強い不快感をいだく細部に，繰り返しまたは極端に曝露される体験をする（例：遺体を収集する緊急対応要員，児童虐待の詳細に繰り返し曝露される警官）。
>   注：基準A4は，仕事に関連するものでない限り，電子媒体，テレビ，映像，または写真による曝露には適用されない。
> B．心的外傷的出来事の後に始まる，その心的外傷的出来事に関連した，

第1編　性暴力被害の実態

　　　　以下のいずれか1つ（またはそれ以上）の侵入症状の存在：
　　　(1) 心的外傷的出来事の反復的，不随意的，および侵入的で苦痛な記憶
　　　　　注：6歳を超える子どもの場合，心的外傷的出来事の主題または側面が表現された遊びを繰り返すことがある。
　　　(2) 夢の内容と情動またはそのいずれかが心的外傷的出来事に関連している，反復的で苦痛な夢
　　　　　注：子どもの場合，内容のはっきりしない恐ろしい夢のことがある。
　　　(3) 心的外傷的出来事が再び起こっているように感じる，またはそのように行動する解離症状（例：フラッシュバック）（このような反応は1つの連続体として生じ，非常に極端な場合は現実の状況への認識を完全に喪失するという形で現れる）。
　　　　　注：子どもの場合，心的外傷に特異的な再演が遊びの中で起こることがある。
　　　(4) 心的外傷的出来事の側面を象徴するまたはそれに類似する，内的または外的なきっかけに曝露された際の強烈なまたは遷延する心理的苦痛
　　　(5) 心的外傷的出来事の側面を象徴するまたはそれに類似する，内的または外的なきっかけに対する顕著な生理学的反応
C．心的外傷的出来事に関連する刺激の持続的回避，心的外傷的出来事の後に始まり，以下のいずれか1つまたは両方で示される。
　　(1) 心的外傷的出来事についての，または密接に関連する苦痛な記憶，思考，または感情の回避，または回避しようとする努力
　　(2) 心的外傷的出来事についての，または密接に関連する苦痛な記憶，思考，または感情を呼び起こすことに結びつくもの（人，場所，会話，行動，物，状況）の回避，または回避しようとする努力
D．心的外傷的出来事に関連した認知と気分の陰性の変化，心的外傷的出来事の後に発現または悪化し，以下のいずれか2つ（またはそれ以上）で示される。
　　(1) 心的外傷的出来事の重要な側面の想起不能（通常は解離性健忘によるものであり，頭部外傷やアルコール，または薬物など他の要因によるものではない）
　　(2) 自分自身や他者，世界に対する持続的で過剰に否定的な信念や予想（例：「私が悪い」，「誰も信用できない」，「世界は徹底的に危険だ」，「私の全神経系は永久に破壊された」）
　　(3) 自分自身や他者への非難につながる，心的外傷的出来事の原因や結果についての持続的でゆがんだ認識

(4) 持続的な陰性の感情状態（例：恐怖，戦慄，怒り，罪悪感，または恥）
(5) 重要な活動への関心または参加の著しい減退
(6) 他者から孤立している，または疎遠になっている感覚
(7) 陽性の情動を体験することが持続的にできないこと（例：幸福や満足，愛情を感じることができないこと）

E. 心的外傷的出来事と関連した，覚醒度と反応性の著しい変化，心的外傷的出来事の後に発現または悪化し，以下のいずれか2つ（またはそれ以上）で示される。
(1) 人や物に対する言語的または肉体的な攻撃性で通常示される，（ほとんど挑発なしでの）いらだたしさと激しい怒り
(2) 無謀なまたは自己破壊的な行動
(3) 過度の警戒心
(4) 過剰な驚愕反応
(5) 集中困難
(6) 睡眠障害（例：入眠や睡眠維持の困難，または浅い眠り）

F. 障害（基準B，C，DおよびE）の持続が1カ月以上
G. その障害は，臨床的に意味のある苦痛，または社会的，職業的，または他の重要な領域における機能の障害を引き起こしている。
H. その障害は，物質（例：医薬品またはアルコール）または他の医学的疾患の生理学的作用によるものではない。

▶いずれかを特定せよ

解離症状を伴う：症状が心的外傷後ストレス障害の基準を満たし，加えてストレス因への反応として，次のいずれかの症状を持続的または反復的に体験する。

1. **離人感**：自分の精神機能や身体から遊離し，あたかも外部の傍観者であるかのように感じる持続的または反復的な体験（例：夢の中にいるような感じ，自己または身体の非現実感や，時間が進むのが遅い感覚）
2. **現実感消失**：周囲の非現実感の持続的または反復的な体験（例：まわりの世界が非現実的で，夢のようで，ぼんやりし，またはゆがんでいるように体験される）

注：この下位分類を用いるには，解離症状が物質（例・アルコール中毒中の意識喪失，行動）または他の医学的疾患（例：複雑部分発作）の生理学的作用によるものであってはならない。

第1編　性暴力被害の実態

> ▶該当すれば特定せよ
> **遅延顕症型**：その出来事から少なくとも6カ月間（いくつかの症状の発症や発現が即時であったとしても）診断基準を完全には満たしていない場合

（以上の基準は成人，青年，6歳を超える子どもについて適用する。6歳以下の子どもについては別に記載が設けられている）
米国精神医学会（高橋三郎・大野裕監訳）『DSM-5 精神疾患の診断・統計マニュアル』（医学書院，2014）参照

　PTSD（心的外傷後ストレス傷害）とは，外傷的出来事に遭遇した後，再体験，回避，否定的認知・気分，過覚醒という一連の症状が存在するときに診断される疾患概念である。トラウマという言葉は一般的には，過去の出来事が現在もなんらかの精神的影響をもたらしている状態に広く使われているが，PTSDにおいては，原因となる出来事をより限定し，症状も限定して，外傷的出来事，トラウマ反応，という言葉を用いている。診断は，日本では米国精神医学会のDSMに基づいて行われることがほとんどである。DSMは，2013年，19年ぶりに第Ⅳ版から第5版に改訂され，診断基準は少しずつ変更されている（資料参照）。
　外傷的出来事の定義は，DSMの改定に伴う変更のなかで特に大きなものの一つである。これまでの定義では，「自分もしくは他者の，実際のあるいは差し迫った死もしくは重症または身体の統合に対する脅威」（A1基準）と定義され，また「その人の反応は，強い恐怖・無力感・戦慄を伴うものであった」というA2基準も同時に満たす必要があった。しかし現在のDSM-5では，外傷的出来事は「実際にまたは危うく死ぬ，重傷を負う，性的暴力を受ける出来事」（未遂の場合でも出来事基準にあてはまる）の三つのみに限定され，A2基準は不要とされている。この出来事の種類に，性暴力の被害が明記されるようになったことは注目に値する。KilpatrickらやBrewinらによる縦断研究（様々なタイプのトラウマに曝された人々のフォローアップ調査）によれば，被害から6カ月後のPTSD症状に着目してみると，これら三つの基準にあてはまるような重いトラウマ体験がない場合，PTSD症状が

継続していることはまれであった[3][4]。このように海外の研究においては，性暴力被害は大きな悪影響を及ぼしやすいということが明らかにされており，これが診断基準の改編にも反映されている。

　次に，PTSD の症状基準である。これは，診断基準のB・C・D・E に記述された四症状群，(i)再体験，(ii)回避，(iii)否定的認知・気分，(iv)過覚醒から成り，それぞれの規定数の症状を満たすことが必要である。症状は，ある程度見慣れていないと判断がつきにくく，適切な質問事項を知っておかないと見逃してしまう。社会的機能が全般的に落ちるのではなく，事件が関わる範囲において機能が低下することと，その一定の範囲を回避しようと被害者が努力するからである。しかしこの回避努力自体が症状である。過覚醒と麻痺という一見矛盾する症状が共存したり交代して現れることも混乱を招くかもしれない。それぞれの症状についてかんたんに説明しておこう。

(i) 再 体 験

　再体験（侵入）症状とは，事件の時の感覚，その時見たものや聞こえた言葉や音，触覚や身体感覚がそのまま甦ってくることである。思い出したくないのにそのことを思い出すなど，コントロールできないことが特徴である。悪夢を見るとか，フラッシュバックと言われるものもここに含まれる。

(ii) 回　　避

　回避症状とは，外傷的出来事がとても不快なので，それを思い出させるきっかけになるものを避けることである。自分で自覚できていることもあるが，できていないことも多い。たとえば，事件の後，なぜかある路線にだけは乗っておらず，しかしそのことを誰かに指摘される（「こっちの方が早いんじゃないの？」など）まで気づかなかった，などはよくあることである。この回避症状が大きくなればなるほど日常に影響を及ぼす。どこそこには行けない，この人には会えない，という制限が増えていけば日常生活は難しい。

---

(3) Brewin CR, Lanius RA, Novac A, Schnyder U, Galea S (2009) Reformulating PTSD for DSM-V: life after Criterion A. J Trauma Stress. 2009 Oct;22(5): pp. 366–73.

(4) Kilpatrick DG, Resnick HS, Acierno R (2009) Should PTSD Criterion A be retained? J Trauma Stress. 2009 Oct;22(5): pp. 374–83.

第1編　性暴力被害の実態

仕事をするためにも，さまざまな所に行ってさまざまな人間関係に耐えなければならないが，そういう生活，就職や学業の可能性をも極端に狭めてしまう。

(iii)　否定的認知・気分状態

DSM-IVでは，PTSDの症状群は3つにわけられていたのが，DSM-5では4症状群に分類し直された。これまで「回避・麻痺症状」としてまとめられていたものから回避が別になり，全般的反応性の麻痺に，否定的認知などが加わってできたのが，この項目である。全般的反応性の麻痺とは，自動的な反応で，強い情動に耐えられなくなって感情を感じなくなり，心が萎縮してしまう現象である。トラウマ体験の重要な部分が思い出せない（解離性健忘），重要な活動への関心や参加が著しく減少する，他の人から孤立し疎遠になっているという感覚，「愛しい」といったプラスの感情が著しく狭まること，「わたしには未来なんてない」などの未来が短縮した感覚などである。否定的認知とは，「自分は悪い人間だ」「誰も信じられない」といった自己や他者や世界への，ネガティブで強固な思い込みのことである。抑うつ症状，不安，恐怖，戦慄（おぞましさ），強い怒り，罪悪感，恥辱感といったマイナスの感情・気分を持ち続けることなども，ここに含まれる。

(iv)　過覚醒（覚醒亢進）

いつも過度に緊張していて，警戒している状態が続くことである。交感神経が亢進して，安心やくつろぎをもてなくなり，ゆっくり食べたり眠ったりできなくなる。不眠のほか，集中困難，驚愕反応などもおきる。

(b)　PTSD以外の反応

このように，PTSDは診断基準が明確で，さまざまな調査研究もなされているため，客観的で使いやすいという特徴がある。法律の世界でも，はっきりしているもの，使いやすいものが好まれることから，PTSDだけが一人歩きをしがちである。しかし，実際に臨床で被害者の方々を診たり，さまざまな海外の研究調査をみてみると，実はPTSD以外の反応や症状も多い。

一番多いのは抑うつ症状である。パニック発作，恐怖障害，強迫症状，幻覚・妄想などの精神病様症状を起こすこともある。フラッシュバックの症状

などは，外傷的な出来事が語られないままだと，周りから見れば単なる幻覚や妄想のようにしか受けとめられないということがある。被害者自身も，それは被害のフラッシュバックなのだということがわからず，「何か聞こえる」「いつも死ねと言われている」と思っていることも多い。器質的異常はないのに歩けなくなる，目が見えなくなる，文字が書けなくなるなどの身体表現性障害もある。

　摂食障害，アルコールや薬物など，さまざまな物質への依存などを起こすこともある。過覚醒症状や再体験症状など，被害者にとってトラウマ反応はとてもつらいものであり，アルコールや薬物などを使えば症状をある程度コントロールし，一時的には被害のことを忘れることができる。依存症の人たち全てにそのような動機があるとは限らないが，苦痛な症状を紛らわすために依存症に陥る人は多い。また，自傷行為もこれと同じようなメカニズムで起こることがある。自殺企図に及ぶこともある。

　いつも身体が緊張して，構えて，いつ何が起こるのかわからないと思っているので，肩こり，頭痛などの身体的な不調が起きることもある。トラウマティック・ストレスというのは人間の脳神経に打撃をくわえることでもあるため，そうした脳神経系から免疫系，内分泌系への影響で，ホルモンバランスを崩して月経不順になるなど，さまざまな身体疾患の罹患が増える。

　安定した対人関係を持つのが困難になることもある。PTSD症状の否定的認知・気分状態とも重なるが，いったいどの人を信じたらいいかがわからなくなるということも起きる。外傷的出来事のうち，自然災害などの天災よりも人災の方がPTSD発症につながりやすいことが知られているが，それは，被害者は事件後も人間関係の中で生きていかなければならず，誰を信じ，その態度や振るまいをどのように解釈すればいいかがわからなくなってしまうことが一因になっている。

　ほかにも，自我の統合性が薄れ，記憶が途切れたり，離人感や非現実感，健忘，遁走（フーグ）などの解離症状が起きることもある。重篤な場合には，パーソナリティ（人格部分，自我状態）が幾つかに分かれて複数のアイデンティティを持ってしまうということもあり，これは解離性同一性障害と呼ば

れる。虐待など幼年期から長期間被害を受けていたりすると，こうしたことが起きうる。解離性フラッシュバックなど，PTSD症状の再体験症状のなかにも解離症状は含まれ，解離こそがPTSDの中核であるとする捉え方もある。DSMの第5版ではそのような捉え方の影響が色濃く出ており，PTSDの中でも解離症状が強いサブタイプが設けられるようになった。

(3) 反応の性差

こうした反応の出方には，性差や個人差，文化差，慣れや訓練などが関わっている。

たとえば，被害に遭っている最中や直後に固まって動けなくなってしまう人が多いというのは，何も訓練していなければ当たり前である。むかし学校で家庭科が女子のみに必修化されていたときには，女子は家庭科を，男子は柔道や剣道などの格技を履修する，というように男女で分けられていた。すると，女性は何かあったときに反射的に身体を動かすことができず，もしそのような動きが出来たとしても，周囲から「勇ましいね」とからかわれたりすることによって，訓練を重ねる機会が減りがちになる。このように，文化的な女らしさや男らしさといった規範が小さい頃から教育などによって植え付けられていることが，とっさのときの身体の反応に大きく関わってくるのである。

また，トラウマ反応の性差には，このような社会的な性差以外に生物学的性差もある。そしてそれらが相乗反応を示すということもある。もちろん，個人差は大きく，女性の中でも多様性があり，男性の中でも多様性があるため，単純には言えない。また，そのように「女だから」「男だから」というようにすべてを解釈しようとするのは危険でもある。けれども，トラウマのような危機的な状況へのとっさの対処には，生物学的な影響を無視できない。近年のトラウマ研究では，どのような反応の性差がみられるのかに関する研究がなされるようになってきており，なかにはこれまでの思い込みを覆すような新しい知見もある。

たとえば，女性やメスに特有の反応に関して，この10〜20年ほどで明ら

第2章　精神科医から見た性暴力被害の実態

かになってきたのは，危機的状況への対応として「いたわって仲間になる Tend and befriend」という反応がありうるということである。闘争－逃走反応は，多くの女性・メスにとって適応的ではない。自分よりも相手が強すぎる場合に闘いを挑んで死ねば，生物としてサバイバル能力は落ちるということであり，そのような個体の遺伝子は残りにくい。逃走を試みれば自分（と子ども）の生存確率が下がるような場合も同様である。妊娠中や，小さな子どもを抱えているとき，放りだして逃げるわけにはいかない。そのため女性は社会的サポートを希求する傾向が強くなると考えられる。こうした反応には，絆ホルモンともいわれるオキシトシンが影響しているのではないか，副交感神経系が重要な役割を果たしているのではないか，とも言われている。動物には交感神経と副交感神経があり，そのバランスをとりながら生きていくが，こういう危機的な状況のときに副交感神経が高まるということもよくあり，だらんとなったり，いいなりになるような反応もそれに当たる。だから，攻撃者に対して一見迎合しているように見える反応も，それは同意，誘惑，媚びなどではなく，生き延びるための合理的な生物学的反応として理解することができるのかもしれない。また，社会的なしつけのなかでそのような生き延び方を身につけてきたということもあるだろう。このように，弱くても生きなければならない場合，勝ち目がないと思われる状況に対し，動物がどのように反応するのかについて徐々に明らかになりつつあると言える。

　人は危機的状況では，必ず交感神経が高まり，「闘争か逃走か」という反応が起こるものだとみなされてきた，と先に述べた。そうした従来のモデルは，「強いオス」のみを想定して，「強いオス」である研究者や専門家によってつくられ，強化されてきたのではないだろうか。法律の世界もその例外ではなく，そうしたモデルに基づいて，これまで多くの判断がなされてきた。「なぜ逃げなかったのか」「なぜ抵抗しなかったのか」という言葉が法廷や調査の場で被害者に向けられることがあるのは，このような単純で古い生物学的モデルに基づいた思い込みによるものであろう。しかし，動物でも人間でも，危機的状況への反応はより高度で複雑である。反射的な反応の部分もあれば，辺縁系よりももう少し高度な部分での反応，少し時間はかかるが複雑

第 1 編　性暴力被害の実態

な計算をして,「相手と職場でこの後も顔を合わせなければならない」などの状況も考慮にいれ,長期的に自分がどうすれば一番うまく生活していけるのかを考えている部分もある。人は,多くの抑制や他者との共感や協力によって社会を発達させているなかで,生き延びようとするものなのである。

❸ トラウマの重傷化と沈黙の悪循環

(1) 性暴力とPTSDの発症率

ここまで述べてきたようなトラウマ反応は,性暴力被害だけではなく,災害,事故,事件などのトラウマティックな出来事に遭った被害者ならば誰もが呈しうる症状である。しかし実際には,性暴力被害者は他の外傷的出来事の被害者に比べて,被害の影響が重くかつ長引きやすいということもよく知られるようになってきている。

例としてKesslerらによる有名な大規模調査の結果を紹介しよう。これは,様々な外傷的出来事がどのくらいあるかということと,それぞれの出来事について,後にどれくらいの人がPTSDを発症したのかを調べたものである。

外傷的出来事の種類	男性	女性
レイプ	65.0	45.9
モレステーション	12.2	26.5
身体的暴行	1.8	21.3
戦闘	38.8	-
武器による脅迫	1.9	32.6
生命的危険を伴う事故	6.3	8.8
自然災害,火事	3.7	5.4
目撃(傷害,殺人現場)	6.4	7.5
幼年期のネグレクト	23.9	19.7
幼年期の虐待	22.3	48.5

図1　外傷的出来事の種類とPTSD発症率(Kesslerら,1995[5])

---

(5) Kessler RC, Sonnega A, Bromet E et al. (1995): Post-traumatic stress disorder in the national comorbidity survey. "Arch. Gen. Psychiat." 52; 1048-1060.

図を見ればわかるとおり，レイプは非常に高い数値である。約半数がPTSDを発症し，女性の場合よりも男性の方がむしろ発症率が高い。トラウマやPTSDという言葉は，日本では大きな震災や事件のあとに知られるようになり，災害などはもちろんつらい出来事のひとつであることは間違いないが，この研究によれば災害によってPTSDになる割合はかなり低いということがわかる。生命に関わる事故であっても，発症率は1割をきってしまう。逆に高いPTSD発症の割合を示すのが，身体的な暴行や武器による脅迫で，極端な男女差があり，女性の方が高い。それでも，レイプほどのPTSD発症率にはならないことは注目に値する。

このような調査は海外では他にも行われており，だいたい似たような傾向を示すことがわかっている。また，PTSDを発症するだけではなく，その症状が長期化しやすいことも明らかになっている[6]。日本ではまだ実態調査がなされ始めたばかりであり，データの数が小さいという限界もある。しかし，その小さいデータからでも同様の結果を読み取ることができる[7][8][9]。

(2) 被害者はなぜ話そうとしないのか——沈黙のうちにトラウマが重傷化していく理由

では，なぜ性暴力による傷つきは，このように重傷化・遷延化しやすいのだろうか。また，苦痛が大きく，しかも長きにわたって苦しんでいるのにも関わらず，なぜそうした被害が公の場に出てきにくいのだろうか。この2つの問いは，本来別々の問いではある。しかし，トラウマの重傷化・遷延化の

---

(6) Kilpatric DG, Saunders B, Amick-McMullan A et al. (1989) Victims of Crime factors associated with the development of crime-related post-traumatic stress disorder. Behav. Ther. 20; pp. 199-214.

(7) 内山絢子（2000）「性犯罪の被害者の被害実態と加害者の社会的背景（上）（中）（下）」警察時報2000年10-12月号。

(8) 家族機能研究所（2000）「診療所の臨床サンプルからみた児童性的虐待の発生傾向」アディクションと家族17巻，93-111頁。

(9) 廣幡小百合，小西聖子，白川美也子ほか（2002）「性暴力被害者における外傷後ストレス障害——抑うつ，身体症状との関連で」精神神経学雑誌104巻6号（2002）529-550頁。

第 1 編　性暴力被害の実態

理由を考察することによって，被害の深刻さと語りにくさの悪循環が透けて見えてくる。また，うちあけられないような恐怖だからこそ，深く刻印されるとも言える。

　ここでは，次のように性暴力の特徴について整理することで，性暴力が被害者に深刻な影響を与える理由と，なぜ被害者は自分の被害をうちあけようとしないのか，うちあけたとしても理解されないのかについて考えてみたい。

　(a)　身体感覚への侵襲の深刻さ

　性暴力にはいくつかの特徴がある。ひとつは，加害者との距離の近さや接触の存在，そして身体感覚が侵襲されるということである。先行研究では，PTSD 発症に影響する主要な因子として，①外傷的出来事にさらされている期間（時間的な尺度），②近接度，③強度が挙げられている[10]が，性暴力ではまさにこの 3 点が揃う。たとえば，ピストルで撃たれることは十分トラウマティックな体験になりうるが，その被害は一瞬で，しかも加害者から遠い。それに対し性暴力の場合は，密着され，侵入され，加害者との距離がゼロかマイナスになってしまう。そして，視覚，聴覚，嗅覚，味覚，触覚すべての身体感覚の侵襲が，ある程度の時間以上つづくことになる。危機的な状況にさらされている動物の脳神経系への影響というレベルで考えるとき，その侵襲が数秒間なのか，数時間なのかという違いは大きい。「4 日間の監禁」などと一言で表現すれば，ともすれば軽く聞こえるかもしれない。しかしそれは，被害者にとって言いようがないほど恐ろしく長い時間を意味する。このような性暴力の侵襲や被害の深刻さといったリアリティを，被害を経験していない他者はきちんととらえきれないことが多い。

　(b)　自己の身体がフラッシュバックのトリガーであるということ

　また，このような身体感覚への侵襲は，トラウマ記憶が自己の皮膚や内部に五感として刻印されることにつながる。それが意味することは，被害者にとって，自己の身体がフラッシュバックのトリガーになってしまうということである。そして，自分の身体から逃れることは不可能なため，安心できる

---

(10)　米国精神医学会，高橋三郎／大野裕／染矢俊幸訳（2002）『DSM-Ⅳ-TR 精神疾患の診断・統計マニュアル』医学書院，449 頁。

空間が消滅してしまう。たとえば，職場や教室などに不審者がいきなり来て誰かが殺されたら，その部屋は，そのときの恐怖を呼び覚ますトリガーになってしまう。しかしそういう場合は，その部屋には行かなければ済む。現実には，就業・就学の都合上うまくはいかないが，それでも，きっかけが外部にあれば少なくとも回避する方法はある。しかし自分の身体に触覚として記憶が残っているという場合はどうだろうか。自分の身体から逃れたいが逃れられないという恐怖，身体に対する違和感，身体にはりついた記憶は，人にはとても説明しづらい。また説明しようとしても，精神科の医師でも理解しにくいことであり，何が起きているのかわからず，誤解されて統合失調症などと誤診されてしまうこともある。

(c) 妊娠や性行為感染症をめぐる問題

事件の後も，レイプなどの性暴力被害者の場合は，妊娠やHIV／AIDSを含む性行為感染症への強い不安や恐怖がつきまとう。なかなか語られないが，妊娠の苦悩や中絶にまつわる葛藤もある。また，レイプ被害だけでも人に言いにくいのに，中絶するか否かを「自分自身で」決断していかなくてはならないという状況に陥れられるため，中絶を選んだ場合は，より自分の苦しみや傷つきをうちあけにくくなるかもしれない。もちろん出産を選ぶこともあるが，その場合は子どもの処遇をめぐる問題に対処していかなければならない。

(d) 動画・画像流出への恐怖と不安

瑞穂さんの場合のように，被害時の様子を動画や画像で撮られる被害者も少なくない。口止めや呼び出しに使われたり，商品として流通してしまうこともある。これは性犯罪の潜在化，常習化，悪質化，長期化にダイレクトにつながる。こうしたことは以前からあったものの，携帯電話に動画や画像が保存でき，すぐにインターネットにつながるという状況，とくにスマートフォンの普及などはここ最近のことであり，法整備が追いついていない。犯人の逮捕後でさえ，それらがどこかに流されているかもしれないという恐怖に，被害者は延々と苛まれる。当然，パソコンを立ち上げるのも，携帯を使うのも怖くなる。しかし，いまの時代，パソコンを使わずにできる仕事はご

第1編　性暴力被害の実態

く限られている。そういう意味でも，仕事にも学業にも，就職にも被害の影響は及ぶ。また，被害者はインターネットを介した発信もしにくくなり，援助を求めるためにメールで問い合わせをしたり，被害者支援のためのサイトにアクセスしたりすることが難しくなってしまうこともある。

(e)　「汚れ」「恥」「わいせつ」などのスティグマ

ほかにも，性には，「汚れ」「恥」「わいせつ」などの象徴的な意味づけが及ぶ。わいせつで汚れていて恥ずかしいのは加害者のはずなのに，被害者は自分のことを汚れていて恥ずかしいと思わされたり，そう言われたりする。また恐怖の中では，恥辱感や屈辱感が深く心身に刻み込まれやすくもなる。こうしたことから，身近な人にこそ話したくないという心理も働く。親だからこそ言えない，恋人だからこそ言えない，親友だからこそ言えない，そうしたことも多々ある。けれども，誰にも言わず被害を秘密にしておくことは苦しく，心身に様々な悪影響を与える。「こういう被害を受けるのは自分だけに違いない」「逃げられなかった自分が悪い」という誤った思い込みが固定化してしまうこともある。

(f)　加害者との「外傷的絆」

性暴力はたいてい密室で行われ，加害者と被害者しかそのことを知らない。このことは加害者との「外傷的絆」を強めてしまう。また，性的虐待やセクシュアル・ハラスメントなどで長期に被害が及ぶ場合，加害者は昼と夜（もしくはウチとソト）では全く異なる振る舞いをしており，職場や公の場ではよい上司，よい親と認識されていることも多い。加害者からは「言っても誰もおまえのいうことなど信じないぞ」と口止めされ，その状況が続くと，何が現実で何が夢なのかわからなくなったりする。被害者も昼と夜（もしくはウチとソト）で全く異なる振る舞いをしているうちに，深刻な解離症状をきたしてしまうこともある。

(g)　人間不信になりやすい

性暴力は人為的な犯罪であるということも大きい。人為的ということは，誰かの意図によって行われたものであるため，交通事故等とは異なる暴力的な体験である。このことから被害者は人間不信，男性不信などになりやすい。

「人間扱いしてもらえなかった」「モノ扱いされた」「性的な存在としてしか，価値を認めてもらえなかった」……このような体験は被害者の心に衝撃を与え，その後の人間関係にもさまざまな影響を与える。また，当然のことながら，被害について相談をしたり援助を希求することも容易ではなくなることが多い。そのためには，最低限の人間への信頼が必要だからである。

(h) 二 次 被 害

二次被害とは，「あなたにも隙があったんじゃないか」「嘘をついているんじゃないか」などと様々な人から言われたり，責められたりすることである。セカンドレイプという言葉もある。警察や検察などでも最近は研修が行なわれるようになり，一昔前よりも対応は比較的よくなってきているかもしれないが，本来なら被害者を保護するはずの人々から心ないことを言われたという被害者はまだまだ後を絶たない。性暴力被害そのものよりも，むしろ二次被害の方がつらかったという人もいる。事件が報道された場合には，興味本位の詮索がなされ，プライバシーが暴かれ，職場や学校などで噂が広まって，生活の基盤を奪われてしまうことも少なくない。

まとめると，性暴力は，恐怖や無力感，戦慄（おぞましさ）をもたらす深刻なトラウマ体験である。身体レベルでも，心理的・象徴的レベルでも，社会的なレベルでも，その被害が強く長引きやすい。また，打ち明けにくく，理解されにくいために，回復のための環境が整わない。このことが，PTSDの発症率の高さや重症化，遷延化に影響を及ぼしている。もちろん自然災害の被災者などの場合でも，とてもつらい症状をもたらすこともあるが，性暴力と比べると，うちあけたときには比較的理解してもらいやすい。そしてこの，うちあけられる機会があるというだけでも，PTSDの発症率はかなり低くなるのである。

(3) わたしたちはなぜ被害者を黙らせてしまうのか——性暴力被害への偏見と誤解

以上からわかるように，事件の後の周囲の対応によって，発症率はかなり変わる。したがって，二次被害が防げれば，PTSD発症率はかなり下がるか

第1編　性暴力被害の実態

もしれない。それではなぜ性暴力には二次被害が多く，回復のための環境が整いにくいのだろうか。わたしたちのもつ，どのような偏見，ジェンダーバイアスが，結果的に被害者に沈黙を強いるのだろうか。ここでは，二次被害をもたらす性や性暴力に対する偏見や誤解と関係している性暴力の特徴について，ひとつずつみていこう。

(a)　性行為そのものは暴力的とは限らないということ

まず，性行為そのものは，他の暴力と違って，同意の上で望む相手と望む内容でするのであれば，喜ばしい行為であるという特徴がある。けれども，性行為は，相手の境界線を越え，身体の五感に働きかける行為であり，日頃隠している身体部位や反応を相手にさらすという意味で，かなり無防備な状態にお互いをおく行為でもある。したがって，望まない相手が，自分の意志を踏みにじって境界線を越えてくるということは，恐怖以外の何ものでもない。加害者が被害者に対し，「あの人とするのはよくて，俺とはだめなのか」と言うことがあるが，当たり前である。意に沿わず自分の身体の境界線が超えられることは，身体感覚，アイデンティティ，道徳感覚や自己の尊厳などを著しく損傷する。

(b)　ポルノとして消費されてしまう

社会が性暴力被害について考えるとき，被害者から見える光景ではなくて，加害者もしくは第三者的な視点からのポルノの構図にとらわれやすい，という問題がある。たとえば，「強姦被害の状況を想像してみてください」と言われたとしたら，何を思い浮かべるだろうか。泣き叫ぶ被害者の顔や引き裂かれる服かもしれない。しかしそれは，加害者から見えるある種のポルノ的光景である。被害者から見える光景は，まったく違う。被害者のリアリティとは，豹変して迫ってくる加害者の異様な顔つき，首元に感じるなま暖かい息，羽交い締めにされる感覚，自己の心身の自由が奪われ，未来が予測不能に陥ったときの恐怖と混乱，気持ち悪さ，おぞましさ，などである。女性（や男性），子どもへの暴力がポルノとして消費される社会において，性暴力について聞く側の想像力が加害者からの視線にとらわれやすいという現実は，よく理解しておく必要がある。

(c) 身体的暴力が伴わないことも多い

　性暴力には，身体的暴力が伴わないことも多い。そのせいか，性暴力に対して，「性行為が目的なのだから，命の危険はないはず」「逆らわなければ痛くも何ともない」という誤解をしている人が少なくない。たしかに終わってしまえば，強要されたのは性行為「だけ」で，身体的外傷はないことも多い。しかし，性行為を強要できたのは，加害者が被害者を物理的に圧倒したり，恐怖で凍りつかせたり，明白な，もしくは暗黙の脅迫によって，従わなければどうなるかわからないと思わせるのに成功したからである。結果的には殺されず，強要したのは性行為「だけ」だったとしても，それがどこまでエスカレートしていくのか，被害者にはあらかじめわかりようがない。加害者はそれを利用して，相手をコントロールする。「抵抗できたはず」「逃げられたはず」「どうせ殺されたりはしなかったのだから」と後づけで言うことはいくらでも出来るが，実際には未来は予測不可能であり，その事件が起きた時点の被害者の立場からすれば，抵抗しても，逃げようとしても，つかまって殺されなかったのかどうかなど，わかりようがない。米国のレイプ被害者の調査で一番多く報告された反応は恐怖であり，その恐怖は1～2年後も続いていたという。日本の調査でも，加害者に「殴ったりけったり」される例は少なく，「逆らったら殺すぞ」などと「言葉で脅かされた」り，「相手の体が大きいので逆らえないと思った」という被害者が多いことがわかっている。そして，レイプ被害者の半数以上が，被害時に「とても怖かった」「言うことを聞かないと殺されるかもしれないと思った」「相手から何をされるかわからなかった」と答えている[11]。後知恵がその時点でわかっていると想定するのはどう考えてもおかしなことだが，前記のような後知恵バイアスは，法廷でもまだみられる。

(d) 被害者が抵抗をしないことも多い

　前項と関わるが，日本の法運用ではいまだに，「強姦」と認められるには被害者が強く抵抗すること，そしてその証拠が身体に残ることが求められる

---

[11] 内山絢子「性犯罪の被害者の被害実態と加害者の社会的背景（上）（中）（下）」警察時報2000年10月号，6頁。

第 1 編　性暴力被害の実態

ことが少なくない。「抵抗すること」を,「同意をしていないという意思表示」とみなしたいのかもしれないが,先述のとおり,抵抗は恐怖の時の反応としては必ずしも一般的ではない。つまり,「抵抗していないということは同意の上での性行為である」というのは誤解である。逆上されそうな場合,人間も動物も降伏する姿勢をとることがある。何が起きているのかわからない,という混乱や,それまでは紳士的だったり,とてもいい上司だった人がなぜ,という混乱などによって,動けなくなってしまうこともままある。また,事件は,人がたくさんいる公の空間で起こるケースもあるが,公の場だからといって抵抗しやすくなるわけではない。公の空間だからこそ逆に,恐怖や混乱,孤立感や羞恥心が増すこともあるからである。痴漢被害などがそのよい例だろう。

　逃げられない場合,無理な抵抗をやめ,目を閉じ,耳をふさぎ,早く終わるのを待つというのは,外傷的刺激の強さと時間を減らすという意味でも理にかなった反応ということができる。グローバルなスタンダードでは,こういうことはよく理解されるようになってきており,たとえばルワンダ国際刑事法廷では,レイプを「強制的な状況下での人間に対する性的な性質を持った身体的侵襲」と定義（アカイエス事件（ICTR-96-4-T）1998 年 9 月 2 日判決 http://www.ictr.org/）している。ハーグ国際司法裁判所（旧ユーゴスラビアでの戦争犯罪の裁判）でも,非合意が明らかであれば,暴行はなくとも強姦であると明言されている（Kunarac, Kovac, Vukovic に対する 2002 年 6 月 12 日判決）。こうした知識が日本でも活用されてほしいと思う。

　(e)　知り合いから受ける被害が多い

　性暴力は,見知らぬ人間から受けることが想定されやすい。しかし実際は,知り合いから受ける性暴力がかなり多い。また,知り合いからの被害なら,他人からの被害よりも恐怖やショックは少ないという誤解もあるが,そうとは限らない。「この後どうなるかわからない」という強い恐怖に変わりはない。それどころか,今まで信用してきた人間の行動の豹変は,安全に関する自分の予測や判断が裏切られるということでもある。加害者は,この信用を利用して被害者を追い込む──「自分のことを信じられないのか」と言って

第2章　精神科医から見た性暴力被害の実態

遠いところに連れて行ったり,「なんでそんな風に疑うんだ」などと言ったりする。また,知り合いからの被害は,その後の共通の人間関係にも深刻な影響を与える。学校や職場など,所属していたコミュニティ,自分の居場所や親密な人間関係から離れなければならなくなることも少なくない。これは,それ自体が大きな被害とも言える。また,被害者は人間不信になりやすいことについて先述したが,まったくの他人から被害を受けたのなら,自分の近しい人だけは信用できるという可能性もある。しかし,自分の知ってる人から被害を受けるということは,その後いったい誰を信じて生きていけばいいのかがわからなくなることにつながる。こうした意味では,逆に知り合いからの被害の方が,後々の影響は大きくなることもある。

（f）恐怖と疑似恐怖を混同されやすい

　性暴力に対する恐怖と疑似恐怖との混同も多い。疑似恐怖とは,安全だと頭のどこかでわかっていながらの恐怖のことである。サスペンス映画,ジェットコースター,バンジージャンプなどがその例で,こうしたレジャーが好きな人はたくさんおり,快の体験になりうる。同じように,女性（や男性）にも被レイプ幻想がある場合があり,作品化され,漫画や小説の題材になっている。しかし,だからその読者が実際にレイプされたいかというと,それは誤解である。サスペンス映画を見ている人が,自分も犯罪に遭いたいと思うだろうか。ジェットコースターに乗る人は,安全装置のないジェットコースターに乗るだろうか。突然ジェットコースターの安全装置が働かなくなったり,バンジージャンプの命綱が切れたりしたら,それは本当の恐怖体験であり,快の体験とはほど遠いものである。それくらい頭の中で想像する疑似恐怖やスリルと,本当の恐怖とは別物であるということを知っていてほしい。しかし,それらの混同は非常に起きやすく,それは二次被害に直接つながる。「あなたも楽しんだんでしょ」「気持ちよかったんじゃないの」という人さえいる。また,被害者の身体が自分の意思を裏切るような反応を示すことがある（たとえば勃起をして射精するなど）ため,被害者自身が「自分も楽しかったのではないか,よろこんでいたのではないか」と誤解し,とてもショックを受けてしまうということがある。また,それを加害者が悪用し,

「お前（被害者）自身もそれを望んでいたのだ」とわざと言うことも少なくない。しかし，物理的に刺激を受けてそのような反応が起きることは，恐怖のなかでも十分にありうる。そういった被害者に，「それは生物学的に起きうることです」と説明すると，多少は楽になってもらえることもある。

❹ 今後の課題

性暴力にはまだまだよく理解されていないことが多く，トラウマ反応や被害者の実態についてわたしたちはあらためて海外の知見や被害者たちから学び直す必要がある。本稿では，危機的な状況に際した人間の反応として，抵抗したり逃げたり闘ったりすることは必ずしも理にかなった反応とは言えないこと，性暴力は，他のトラウマティックな体験とくらべて，傷つきが深いことが多いこと，それにもかかわらず，相談しづらいこと，訴えたとしても，二次被害を受けやすいこと，二次被害の多さには，性暴力に対する多くの誤解と偏見が関わっていること，このようなことを説明してきた。性暴力には隠れた被害が多いが，それには以上のようなさまざまな要因が関わっている。現行の状況では，被害者がプライバシーを守りながら，法的に訴えるということは，なかなかできない状態である。では，性暴力被害の実態に即して，今後の検討課題としてどのようなことを考えていかなければならないだろうか。

まずは，性暴力が起きてから対応するのではなく，起きないように，誰もが被害者にも加害者にならないように，性教育やデートレイプ予防教育を拡充することが必要である。1990年代後半のジェンダーフリーバッシング以降，性教育は急速に後退してしまった。また，公的な場所において一般に，性的なものは「隔離」されてもいる。性的な話をしない，行動をとらないということは，セクシュアル・ハラスメントなどを防ぐ上では役に立つ。しかし，性的なことがあたかもないことのようにされて，まったく教わる機会や語り合う機会，正しい情報を伝えあう機会がなければ，結果的には相手が性暴力と感じるような行動をとってしまう状況を増やしてしまう。また，性についてきちんと教わる機会が減った一方，性的興奮を得るためのアダルトビデオ

第 2 章　精神科医から見た性暴力被害の実態

などが「教科書」のように使われることも問題である。親密な相手ときちんとコミュニケーションをとりながら性的に関わっていくことの重要性やその方法といった情報が流通していくことが，長い目で見れば，性暴力を減らしていくことにつながる。

　被害を受けたときに，被害直後からの医療的，法的，心理的な支援を，一つの場所で受けられるようなワンストップセンターも必要とされている。被害者への二次被害を防ぎ，加害者の特定にも役立つもので，欧米諸外国では，レイプクライシスセンターとして，市町村レベルでおかれているところも少なくない。いま日本でも，少しずつ立ち上がってはいるものの，公的な予算の投入が不可欠な事業であり，他の先進国同様，市町村レベルですぐに駆け込めるサービスの整備が望まれる。

　ほかにも，性暴力禁止法をきちんとつくること，警察や検察，裁判所などの関連機関において性犯罪事犯を専門的に扱う部署の設置，法律領域，医学，精神医学などの領域における教育や研修カリキュラムの充実も重要である。

　また，本稿では取り上げなかったが，性暴力被害者のなかでも，とくに声をあげづらく，その被害が理解されない少数派の人々についても考えていくべきであろう。

　たとえば，男性や男児も性暴力の被害者になるということを認識し，その対応について検討する必要がある[12]。男性の被害は決してまれなことではない。性的虐待のほか，友達同士で遊びと称し，性的なからかいがされたり，部活動など上下関係の中で性的なことを無理矢理されたりということがある。男性や男児に対する性暴力の場合，「被害に遭うなんて男じゃない」「被害に遭った自分は同性愛者に違いない」「自分が同性愛だから狙われたのではないか」と，ジェンダー・アイデンティティや性的指向にも混乱をもたらすことが多く，日本のように性的虐待や性的指向についての情報がほとんど得られない場合はなおさらである。男性や男児は，うちあけても信じてもらえないことが多いため，「こんな目に遭うのは自分だけだ」と，孤立感や自己嫌

---

(12)　宮地尚子（2006）「男児への性的虐待：気づきとケア」小児の精神と神経 46 巻 1 号, 19-29 頁．

第 1 編　性暴力被害の実態

悪，恥，自責の念，他者への不信感を深めてしまう。「女性からの加害であればラッキー」だと思われるなど，正しい情報も得られず，回復へと結びつかない。

　子どもへの面接システムの確立も急務であろう。男女限らず，性暴力には第三者による目撃がないことが多い。とくに性的虐待やその記憶の信憑性については，フロイトの時代から議論になっており，現代になっても，米国などで甦った記憶が虚偽ではないかといった論争が起きている。確かにすべての記憶が事実を表しているかどうかはわからず，冤罪をもたらす可能性は常に考えておく必要がある。だからこそ，被害が疑われる子どもへの面接システムの確立と普及が重要である。性的虐待は物的証拠が残ることが少なく，目撃者もいないことが多いため，被害者の証言が鍵となる。しかし，子どもは周りの状況や，周囲からの暗示や発言などにより，証言の内容が変わっていきやすい。また，子どもに何度も被害のことを聞くのは，その子どもの精神状態にとっても望ましくない。そのため，初期の段階で，警察，司法，医療関係者が協力しあって，安全な場所で，子どもから法的な吟味に耐える信憑性の高い証言を得，ビデオに記録することで，子どもが何度も事情聴取を受けずにすむようにする。また，そうすることで子どもの回復や治療も進みやすくなる。こういった「司法面接」のチームアプローチが普及すれば，冤罪を招かず，加害者を逮捕・処罰でき，さらなる被害を減らすこともできるはずである[13]。

　また，格差社会や貧困のなかで，女性が性風俗産業においやられるということもあるが，そこでは「性産業のなかでの性暴力」が起こっている。「性産業のなかでの性暴力」という言い方に，すでに違和感を持つ人が多いかもしれない。「性産業や性労働自体が性暴力ではないのか」と主張する人たちも一方にいる。そして，「性産業で働くんだったら，性暴力の被害を受けたなんて言うのはおかしいんじゃないのか」と思う人たちが他方にいる。「性

---

(13)　司法面接については，日本弁護士連合会 Web サイト「子どもの司法面接制度の導入を求める意見書」（http://www.nichibenren.or.jp/activity/document/opinion/year/2011/110819_6.html［2014 年 11 月 21 日閲覧］）などを参照。

産業にいる人間には何をしてもいい」という偏見からひどい被害にあう女性も多いが，それを訴えようとしても彼女らが具体的にどのような性暴力を受けているのか，その痛みがどのようなものかが聞き取られることはほとんどない。こうした「性産業のなかでの性暴力」に対する取り組みもこれから必要とされていくであろう。

　性的マイノリティ（LGBTQ）への性暴力に対する理解や，グローバリゼーションのなかで，異なる文化をもつ被害者への対応がきちんとできるようになることも必要である。

　性暴力はこれまで，目に見えないものにされてきた。その実態を理解されないまま，被害を訴えるには身体の傷や抵抗の証拠を求められ，二次被害をいたるところで受け，沈黙に追いやられてきた。加害者のほとんどは法的な処罰を受けないその一方で，被害者の側が被害に遭った自分を恥と思わされてきた。トラウマ研究の第一人者であるジュディス・ハーマンは，このように述べている。「すべての加害者が要求することは，傍観者は何もしないでくれということだけだ」[14]。「傍観者」であったわたしたちができることを，いま一度よく考えてみる必要があるように思う。

---

(14)　ジュディス・L・ハーマン著，中井久夫訳（1996）『心的外傷と回復』みすず書房，4頁（訳はB・H・スタム編（小西聖子・金田ユリ子訳）『二次的外傷性ストレス』（誠信書房，2003）254頁の中の引用を用いた）。

第 2 編

性暴力被害と刑事裁判

第3章
性犯罪捜査の問題点
―― 検察官の経験から

田中嘉寿子

❶ はじめに

　筆者は，新任の頃から，性犯罪を含む様々な事件の捜査・公判に携わってきたが，とりわけ性犯罪を多数扱うようになったのは，10数年前頃からである。当時，検察庁が被害者対応の改善に取り組み始め，被害者が女性・子供の場合は可能な限り女性検察官に事件を配点するという配慮をし始めた。他方，地方の検察庁には女性検察官が数名しかおらず，捜査・公判・総務などに分散配置されるため，捜査担当女性検察官が筆者1名しかいなかったとき性犯罪を集中的に担当したのである。必然的に筆者は性犯罪捜査経験を積むことになってしまった。

　生来，他人の感情に鈍感な性質の筆者は，新米の頃には交通事故の御遺族に事故状況を証拠に基づき（被害者側の過失も含め）正確に説明しては怒らせてしまうなど被害者や御遺族への対応では苦労してきた。しかし，家族が病気で早逝した際，アルフォンス・デーケン氏の「死とどう向き合うか」（NHKライブラリー）を読んで悲嘆のプロセスを知って以来，検察庁に来る遺族が，病死より遥かにつらい犯罪死と向き合っている心情が以前よりも分かり，交通部で日々御遺族と面談しても怒らせなくなった。その後，性犯罪事件を多数扱うようになり，「魂の殺人」と呼ばれる性犯罪の現実と向き合い，性犯罪の被害者が自分の魂の遺族であり，悲嘆のプロセスの渦中にあると気付いた。と同時に，従来の刑事手続が，性犯罪の被害者の心の痛みにいかに無頓着であったかに気付かされた。私自身が以前に担当した被害者を無自覚に傷つけていたことを想起しては心中謝罪してももう遅い。

第2編　性暴力被害と刑事裁判

そこで，本稿では，架空の2事例の捜査・公判経緯を被害者の視点で見直し，現在の一般的な刑事手続が被害者に多大の負担を強いることを具体的に示し，今後の改善の問題点を考える契機としていただきたい。

❷ 事例1　成人女性が自宅で被害に遭った場合

(1) 事件概要

　A女（25歳）は，ワンルームマンションに1人で住む会社員である。最近，エントランスの郵便受けコーナーや廊下で甲男（28歳）をよく見掛け，愛想良く挨拶されるので住人であろうと思い，笑顔で挨拶を返していた。某日，自宅のベッドで就寝中，突然甲が馬乗りになってきて襲いかかってきた。Aは，内心，「一体どこから入ってきたの？ここは4階で玄関も窓も鍵を掛けていたはずなのに」と驚きつつ，恐怖と驚愕で身体は凍り付き[1]，声も出せず，身動きもできないでいるうち，甲に着衣を脱がされ，両手を紐で縛られてしまった。甲は，余裕の態度で「殺されたくなかったらおとなしくしてろ」と言い，怖くてたまらず，うなずくしかなかった。身体中いじられた挙げ句，性器を挿入されそうになった際，交際中の恋人Bに申し訳ないという気持ちがよぎり，何とか挿入を回避しようと思い，「私，彼氏に性病を移されたの。入れないで。あなたも病気になってしまう。」と必死の嘘をついた。甲が一瞬ひるんだことで凍り付いた身体と思考が解け[2]，「あなた，若

---

(1) フリーズ反応（凍り付き症候群）。詳細は本書46頁宮地尚子「精神科医から見た性暴力被害の実態」参照。

(2) 人は，ストレス反応として，当初の凍り付きが解けると，「闘争・逃走反応」（相手が弱そうであれば闘い，強そうであれば逃げる）をすると言われている（ウォルター・キャノン）。しかし，これらの研究の被験者は主として雄・男性であり，雌・女性は，"Tend-and-befriend response"（子供を守り（tend），他者と友好的に社会的絆を作る（befriend）ことによって子供と自己の生存率を最大化し，被害を最小化しようとする反応。「思いやり・絆反応」とも訳されるが，筆者は仮に「従順懐柔反応」と呼んでいる。）をするという研究がある（シェリー・タイラー博士）。筆者が出会った被害者も，当初の凍り付きによる抵抗不能状態の間に物理的に完全に抵抗不能にされてしまい，闘争も逃走も不可能であるため，相手に従順に振る舞いつつ，何とか懐柔して被害を最小化しようという必死の努力をするのが通常であった。田中嘉寿子

くてハンサムなのに，恋人はいないの？」とお世辞を言ったり，「こんなことをするなんて，何かつらいことでもあったの？私は警察に言わないけど，こんなことを続けてたら，いつか捕まるかもしれないわ。御家族が悲しむんじゃない？」などと，とにかく甲を怒らせず，かつ，甲が姦淫の意思を失うように必死の説得を続けた。自分でも何を言ったか細かいことは覚えていない。しかし，結局，甲は，「あんたのことは前から調べてあるんだ。性病なんか嘘だろう」と言って姦淫し，腹部に射精するとそれをティッシュで拭った。レイプされていた間，怖くて目をつぶっていたが，フラッシュが光る感じとシャッター音がしたので，甲が手に持っていた携帯で何枚か写真を撮られたと思い，ネットに流されたらどうしようとぞっとした。甲は，手の紐をほどきながら，「警察に言ったら殺すぞ。」と脅し，テーブルの上の実家の母から来たはがき1枚を持って玄関から立ち去った。

(2) 被害申告経緯

Aは，甲が去った後，しばらく呆然とし，自分が滂沱の涙を流していることにも気付かなかったが，独りでいるのが怖くてBに来てほしいと電話をした。駆けつけたBは，Aの部屋が荒らされている様子を見てAが止めるのも聞かずに「強盗が入った」として110番通報した[3]。Aは，臨場した男性警察官に対し，やむなく強姦の被害の概要を説明した。現場の実況見分に立ち会わされ，指示説明を求められ，被害状況を思い出して身体が震え

「性犯罪の被害者の供述の信用性に関するあるべき経験則について」（甲南大学紀要）参照。

(3) もしAがBにも電話しなければ，「悲嘆の12プロセス」のとおり，①麻痺状態の次に②否認（余りにつらい被害の現実をあたかもなかったことのようにして必死に「日常」生活をしようとすること，防衛機制の一種）段階に入り，翌日以降通常出勤するも，徐々に日常生活を維持できなくなり，抑鬱状態に陥り，証拠が全て散逸した頃に初めて被害申告を考えるようになったであろう。性犯罪事件では，被害申告の遅れについてしばしば虚偽申告ではないかと争点化されるが，被害のショックが大きければ大きいほど「否認」が働き，被害申告が遅れるのが普通である。姦淫が未遂に終わってショックが比較的浅いか，又は，周囲が被害者の意向を無視して強引に届け出ない限り被害直後の被害申告はほとんどない。

第2編　性暴力被害と刑事裁判

た[4]。惨めな自分を誰にも見られたくないのに全身と顔の写真を撮られて嫌でたまらなかった。さらに，女性の警察官が同行して産婦人科に連れて行かれた。警察車両に乗るとき，「他の人の微物が付くと駄目なんで」と説明されて新品のビニールシートの上に座らされたが，逆に自分が汚物扱いされているような気がして情けなかった。初めて産婦人科を受診したが，診察台で両股を開かされて医師に性器を診察されたのは死ぬほど恥ずかしかった。それでも，こうなれば犯人を捕まえてほしいと思い，犯人が射精した腹部の辺りに精液が残っているかもしれないと説明して医師に拭ってもらった。ちゃんと説明しないと全身綿棒で拭われるわけにはいかない。診察が終わるまで身体を洗ってはいけなかったので，本当に気持ち悪くてたまらなかった。避妊薬を処方され，性病検査を受け，検査のための再受診の説明を受けぐったりした。費用だけは警察が負担してくれるという。当たり前だと思うが，何だか「特別なサービス」みたいに言われた。もう自宅には帰りたくない[5]ので，Ｂ方に泊めてもらった。やっと全身くまなく何度も洗った。全く眠れず，Ｂ方なのに窓や玄関の鍵を何度も確認した。些細な物音にもビクビクしてしまう。

(3)　**警察における捜査経緯**

(a)　警察での事情聴取

性犯罪の捜査を担当する警察官は，罪名が強姦等であれば捜査1課である。

Ａは，1課の取調室に通され，ここで殺人事件の犯人も取調べを受けるのかと思うと怖かった。男性の警察官は怖いし，女性の警察官は優しいけど新米で頼りない[6]。

---

(4)　被害者にとって，フラッシュバック反応が起きやすい場面であり，心身の負担が大きい。捜査初期段階から，被害者支援員が付き添い，体調に配慮する必要がある。家族や恋人等が付き添うと，被害者が赤裸々な被害状況をかえって話しづらくなるため，警察や被害者支援団体の支援員が必要である。
(5)　被害後の被害者の心理的反応の典型として，被害を想起させる人・物・場所を回避する「回避」がある。また，過覚醒状態が続き，不眠症になる人が多い。
(6)　捜査1課は殺人や強盗を扱うので，「怖い」男性警察官が中心である。近時，性犯

第 3 章　性犯罪捜査の問題点

　甲について説明すると、警察官から、「玄関の鍵をこじ開けられた形跡はない。あなたが合い鍵を渡していたのではないのか」と暗に私が甲と浮気をしていて B にばれたので強姦だと嘘を言っているのではないかと疑われて犯人扱いされているみたいに感じた。

　マンションの防犯カメラ画像から甲を特定したが、甲と笑顔で挨拶している私の姿を見て、刑事から更に「本当は甲と親しかったのではないか」と疑われた[7]。マンションの住人に甲に該当する人物はいないと警察に言われて驚いた。B のために合い鍵を郵便受けに入れたことがあるのを思い出し、そのときに甲に一時盗まれて合い鍵を作られたとしか考えられないと説明した。

　B との直近の性交の有無についても聞かれて嫌だったが、精液の残留期間があるので、正確な鑑定のために膣内精液について犯人と B との鑑別が必要だと言われてやむなく答えた[8]。でも、それ以外の性経験などは余り聞かれなくてほっとした。

　調書の作成にも何時間も掛かって疲れ切った。

　1 回目の聴取後、結局 1 人で外出できず、会社には病休届を出し、B 方に引きこもっていた。犯人が実家からのはがきを持って行ったので、実家に迷

　罪捜査を担当する女性警察官の配置が進みつつあるが、男性に比べれば若くて経験も浅い者も多い。性犯罪専門の捜査チームの設置が望まれるところである。

(7)　計画的な犯人は、「合意」弁解の準備として様々な方法で「笑顔写真」を用意しておく者もいる。性的虐待事件では、被害児を脅して笑わせ、笑顔の足りない写真は削除することがある。痴漢事件では、コンビニで被害者に気付かれずにわざと背後で肩を抱いているような角度で防犯カメラに画像を撮らせた上で痴漢することもある。被疑者が保存する画像証拠は必ず精査し、被害者に説明を求め、撮影状況を明らかにしておく必要がある。

(8)　近時、被害者の性経験等のプライバシーは、罪体立証に必要ない限り調書には記載しない。しかし、DNA 鑑定等に必要な範囲で直近数日間の性交経験の確認は必須である。また、被害者が男性器の膣内挿入の有無について認識し得た理由として、性交経験の有無を確認することも必須である（相手や状況は問わない。）。その点、ティーンエイジャーの被害者が、親に内緒で性経験がある場合、「処女である」と嘘をつくことがあり、後日嘘が判明した際、立証上は非常に不利になってしまう。被害者に対し、聴取時にはこの点について真実を言う必要があること、調書を親には見せず、捜査官から親に告げ口することはない旨納得してもらう必要がある。

第 2 編　性暴力被害と刑事裁判

惑を掛けていないか不安でたまらなかったが，実家の母に心配を掛けたくなくて，はがきのことは刑事さんにも言えず，悶々とし，Bに相談したところ，警察に言って実家も警護してもらったらどうかと提案された。

　2 回目の事情聴取のときに警察にはがきのことを話すと，「何も盗まれていないと言っていたじゃないですか！」と叱られた。金目の物は盗まれなかったので，何も盗まれなかったと言ったんだけど，はがきでも強盗強姦罪と罪名が変わるかもしれないからすごく大事だと言われてびっくりした[9]。いつはがきを取られたか改めてしつこく聞かれて思い出すのに苦労した[10]。

　また，写真を撮られた件については，サイバー担当の警察官が出てきた。ネットの方もチェックしてくれて，今のところアップされたりしていないと

---

(9) 被害者にとっては性被害の方が重要であり，財産被害についての供述は曖昧になりがちである。しかし，強盗強姦罪の成否は，捜査・公判では重要な争点になり得る。法務省に平成 26 年に設置された性犯罪の罰則検討会でも，強姦時の強盗について強盗強姦罪と同等の科刑にすべきではないかとの論点が出された。法益侵害としては同等であるのに科刑に差があるため，強盗の犯意をいつ生じたかという無用な争点を作るので，改正が望まれる点である。

(10) 人は，自分にとってそのとき情動を揺さぶられる出来事については記憶が強化されるが，情動を揺さぶられない記憶は強化されず，忘れやすいのが普通である。これは，日常の経験則であり，近時の脳科学の研究によっても裏付けられている（枝川義邦「情動による記憶強化の仕組み」生活工学研究第 8 巻第 2 号（2006 年），J・マッガウ「記憶と情動の脳科学」講談社（2006 年））。被害者はしばしば一所懸命答えようとし，聴取者も記憶の濃淡を文章で書き表す表現力に限界があるため，調書では断定的表現になるおそれがある。これが，証人尋問時に「供述の不合理／変遷」として批判され証言全体の信用性を否定される場合がある。聴取時には，記憶の濃淡に配慮しながら聴取し，適切に文章化しなければならない。最高裁は，いわゆる千葉市強姦無罪事件（最決 H23.7.25）において，被害者が，被害後に破れたパンティストッキングをコンビニで買った際，飲み物を一緒に買ったことを当初供述しなかったことを信用性否定の理由の一つに挙げた。しかし，強姦被害によって破れたパンストという情動記憶とついでに買った飲み物という非情動記憶では，情動記憶だけが記憶強化されるという科学的に実証されている経験則に鑑み，ごく自然な供述であり，その点で信用性を否定するのは不合理である。

　性的虐待事件の最初期に実施すべき司法面接では，被害日時をあえて聞かないようにしているのも，日時の特定が困難なことが多いからである。

聞いてちょっと安心した[11]。
(b) 実況見分への立会い

改めて正確に実況見分すると呼び出され，二度と入りたくなかった自分の部屋に入り[12]，説明した。警察が私の代わりのダミー人形を持参し[13]，犯人役の警察官と人形とで被害状況を再現できるよう詳しく説明させられた。改めて自分がろくに抵抗できていないことが分かり，自分が情けなくなった[14]。

(c) 証拠品の任意提出

被害時に着ていた寝間着と下着，ベッドのシーツ・カバー，枕カバー，室内で甲が触った可能性がある物の任意提出を求められて提出した。書類に署名するとき，返却希望の有無を聞かれ，Bから贈られた人形だけは返却を希望したが，他は気持ち悪いので「要りません」と書いた[15]。

---

[11] 性犯罪も，強姦等は捜査1課，児童福祉法違反等は生活安全課，被疑者が少年であれば少年課，児童ポルノ法違反はサイバー班等様々な部署が担当する可能性がある。このような縦割り体制には，相応の合理性があるが，被害者にとって負担になることが多い。性犯罪専門チームが設置され，捜査側も「ワンストップサービス」化されることが，被害者の負担を軽減し，かつ，捜査側の専門性向上のためにも望まれる。

[12] 現場の実況見分の際，被害者に立ち会わせることにより，被害者が被害に遭ったことが周囲の住人等に気付かれると被害者のプライバシーが侵害されるおそれがある。見分を人気のない時間帯に実施するなどの配慮が必要である。また，将来的には，被害者が入院中等の場合，画像中継による遠隔地からの立会い（ヴァーチャル立会い）も必要になろう。

[13] 現在では，再現実況見分には全てダミー人形を使用する。しかし，この方法が普及してまだ数年であるため，被害者や支援者の手記等には，被害者自身が再現させられて非常に苦痛であったとしばしば指摘され，いまだに人形の使用を知らない支援者も多く，被害申告をためらう原因の一つになっている場合がある。

[14] 再現実況見分調書の添付写真を見ると，被害者がほとんど抵抗できていないことが多い。被害者はそのことで自責感を高める。合意弁解の根拠とされることもある。しかし，合意の性行為であれば女性が行うような積極的な行動は皆無であることから，被告人の一方的犯行であることが読み取れる。

[15] 貴重品以外は所有権放棄した方が良い。でないと時効完成時や判決確定時など忘れた頃に突然検察庁から還付連絡を受ける。

第2編　性暴力被害と刑事裁判

(4) 検察官による捜査

(a) 事件送致

被害から3年，警察からAへは音信不通だった。その間，Aは，Bとは別れた。AのPTSDが重く，Bに対して過度に依存的になり，Bがいないと外出も通院もできず，夜も電気を付けたままでないと眠れず，戸締まりを何度も確認する強迫症状が強く，合い鍵を甲に作られた自分の愚かさを責め続けて摂食障害になり，Bと性交渉ができなくなるなど，BにはAが負担になり過ぎたためである。Aは，被害の1カ月後に仕事に復帰したが，集中できずミスが増えたため，会社を辞めざるを得なくなり，実家に戻り，カウンセリングを受けるため通院する日々を送っていた。

Aは，突然警察から「甲が別の強姦事件を起こして逮捕され，DNA鑑定でAの事件の犯人と特定された」と連絡を受け，久々に警察に呼び出され，以前の担当者は皆異動していていなかったが，しっかりした女性警察官が対応してくれて被害について確認された。

(b) 検面調書の作成

Aは，検察庁から呼出を受けて検察庁に行くと，若い女性検事と女性の検察事務官の部屋に通されて被害状況を再度説明させられた。前に全部説明したのに，と思いつつ，一通り説明した。

検事から，「最初に馬乗りになられたということですが，足は自由に動いたはずですよね。なぜ甲を蹴り飛ばすなどして抵抗しなかったんですか」と質問された。そんなことは到底無理だったと思ったが，身体が凍り付いていたあの感覚をどう表現したらいいのか分からない[16]。

さらに，検事から，「甲は途中1度台所に包丁を探しに行って手ぶらで

---

[16] 検察官による被害者取調べの主な目的は，①被害事実の確認（被疑者の弁解への反証として十分か），②争点（回避・抵抗・逃走・援助要請・直後開示をしなかった合理的理由の有無）の確認，③証人の供述の信用性（刑許規則199条の6）の確認，④証人適格の有無の確認である。そのため，被害者が法廷で弁護人から反対尋問を受けるような質問をあえて行うことがあった。しかし，反対尋問で聞かれるような内容を問いただすに当たり，弁護人と同じような質問方法をする必要はなく，二次被害を与えない確認方法をすべきである。

戻ったそうですね。その間，手は縛られていたとしても，足は動いたのですから，逃げるチャンスはあったはずなのに，なぜ逃げようとしなかったんですか」と聞かれた。甲がいつ包丁を持って戻るか分からないのに，そんなこと絶対無理，甲を怒らせたら殺される，何でこの女性検事はこんなことばかり聞いてくるんだろう。

　検事は，「あなたの当時のマンションは壁が薄くて隣室の声がよく聞こえたそうですよね。悲鳴を上げれば隣の人が気付いてくれたんじゃないですか。なぜ声を出さなかったのですか」と聞いてきた。喉がひりついて悲鳴なんか出なかった。「でも，後で和やかに会話していた時間がかなりありましたよね」――でも，あのときは犯人を怒らせないよう，殺されないよう必死だった，あのとき悲鳴なんか上げたら，絶対殺されてた……隣の人とは交流もなかったし，たとえ悲鳴を上げても助けてくれたかどうか分からないのに。

　検事は，「あなたは，Bさんが110番通報しようとしたとき，それを止めたそうですね。なぜ被害を届け出たくなかったのですか。本当は強姦被害は存在せず，合意だったのではありませんか」とまで言い放った。ひどい。あなたがレイプされたとき，ためらわずに通報できるの？こんな恥ずかしい，惨めなこと，誰にも知られたくなかった……私自身，できることなら，なかったことにしたかった。

　Aは，警察から，検事さんが事件の処分を決めるので，検事さんの質問にはきちんと答えるようにと言われていたが，余りにつらかったので，「何でこんなことばかり聞かれなければならないんですか」と言うと，検事は，「あなたがこれらの点についてきちんと答えられないなら，法廷で証人尋問の際，弁護人から反対尋問を受けても耐えられないでしょう。」とAの証人適格の有無を確認するため，あえて質問しているのだと説明した。

　検事の説明だと，犯人の甲は，「Aとは前から親しく話をしていて，当日も部屋に招かれた。合意の上だった。」ととんでもない主張をしているそうで，私は，証人尋問のため法廷に立たされる予定だという。そこで，裁判官に対し，甲や傍聴人も聞いている中で，被害状況を説明しないといけない，そして，そのとき甲の弁護人からこういう嫌な質問をされ続けるのか。その

第 2 編　性暴力被害と刑事裁判

ための準備だとしても，もっとまともな聞き方はないのだろうか[17]。

　最後に，検事は，Ａに対し，PTSDチェックリストを示し，該当部分にチェックするように言った。Ａは，リストを見ると，ほとんど該当することに改めて驚いた。眠れない，死にたい，事件のことを思い出す……皆，同じなのか。家族や親しい人との関係が悪くなるのもＡだけではないようだ。チェック後，検事から，PTSD症状を具体的に聞かれ，この被害がＡの人生にもたらした被害の大きさをまとめ，最後に犯人に対する処罰感情を聞かれた。

　(c)　被害者への権利等の説明

　検面調書の作成後，検事から，被害者等通知制度，被害者特定情報秘匿決定希望の有無，被害者参加希望の有無等の説明があった。難しくて一度聞いただけではよく分からなかったけど，いろいろ通知してほしいのも，自分の名前や住所を法廷で秘密にしてほしいのも当たり前で，いちいち希望しないとやってくれないなんて。被害者参加の申立てをするかどうかすぐには考えられない。法テラスに行けば弁護士を紹介してくれると言われてリーフレットを渡されたけど，行ったこともないところに独りで行く気力も体力ももうない[18]。

　(d)　被害者の家族[19]の事情聴取

　検事は，Ａの母から，Ａの被害後の様子を聞いて調書を作成した。母は，

---

[17]　検察庁には，被害者から事情聴取するために特化したマニュアル等はまだない。従来は，このように，反対尋問の予行演習的取調べを行い，被害者がこれに耐えられれば証人適格ありとして起訴し得るという考えもあった。今後は，二次被害を与えず，信用性のある供述を得るための聴取マニュアルの開発や研修・訓練，外部司法面接官が実施した司法面接結果の活用方法の検討が必要ではないだろうか。

[18]　性犯罪被害者のためのワンストップサービスセンターが各都道府県にできつつある。被害者がセンターに相談すれば，受診，取調べの付添い，弁護士の紹介，カウンセリングの紹介等必要な支援・情報提供をまとめて受けられることがますます重要になる。

[19]　強姦が「魂の殺人」なら，被害者の家族は「遺族」であり，グリーフ・ケアの対象である。被害者への支援者は，家族への支援も視野に入れなければ，被害者と家族との関係悪化を防ぐのが難しい。

AのPTSDがいかにひどかったか説明した。A自身は解離していて記憶していなかったり，自覚的に説明しなかったことも，母からの聴取，Aに提出させた通院記録，主治医から取り寄せた診断書，Aのために費やした費用明細等の客観的資料を添付して肉付けする形で母の検面調書を作成し，本件被害がAの人生をどう破綻させたのかを浮き彫りにした[20]。

(5) 示談交渉

検事から電話があり，甲の弁護人が示談交渉のためAに連絡したがっているので，連絡先を教えていいかどうか聞かれた。弁護士に教えても甲には教えないと言うが，本当だろうか，教えたくない。検事が弁護士の電話番号を言って，話を聞く気があるならAから弁護士に電話するようにと言われたので，そうすることにした。正直，会社を辞めたので貯金も底をつき，実家に居候しているが，カウンセリング費用も苦しい状態だ。

弁護士に電話すると，示談金200万円で告訴を取り下げてほしいと言われた。

検事から，今の証拠関係では，強姦と強盗で起訴するので告訴が必要だと言われて甲逮捕後に告訴調書を警察で作成した。告訴を取り下げれば強姦は不起訴になる。告訴を取り下げなければ，Aは証人尋問で法廷に呼び出さ

---

[20] PTSDが重篤な被害者は，解離症状もあるため，自己の症状を矮小化して認識しがちである。家族や職場の同僚や主治医等の身近な第三者から話を聞くと，かえって被害者の症状の重篤さがよく分かる場合がある。また，被害感情についての聴取に当たっては，「つらい，悲しい，犯人が憎い」などの感情的表現よりも，例えば，転居費用，入通院記録・費用，服薬内容，自傷行為の傷，Vが頻繁に実家の鍵を交換して過剰に防犯設備・施錠をすることに費やされた費用の明細や防犯設備写真，被害者の体重の増減記録，被害者が1日に施錠を確認する回数の観察記録（認知行動療法の一貫のセルフ・モニタリングの記録等）等の財産的損害や精神的損害に関する客観的資料の方が，雄弁に「被害者の人生の破綻」を物語る。司法研修所編「裁判員裁判における量刑評議の在り方について」の「構成要件外の結果等」（40～44頁）と「被害感情」（57～60頁）にあるとおり，被告人の行為と因果関係があり，被告人も予見し得るような客観的事実は考慮されるが，被害者の主観的な被害感情は余り重視されない。性犯罪が被害者に重篤なPTSDをもたらし，生活を破綻させ得ることは，医学的に因果関係があり，社会的にも周知され，被告人にとっても予見可能といえよう。

第2編　性暴力被害と刑事裁判

れて検事に質問された以上に嫌な聞き方で弁護人から反対尋問を受けるだろう。別れたBや母も証人として呼ばれて迷惑を掛ける。主治医からは，甲が逮捕されて捜査が再開されてから，AのPTSD，抑鬱状態，摂食障害が悪化しているので，証人尋問で出廷すれば更に悪化する危険があると警告されている[21]。A自身，耐えられそうにない。被害後のカウンセリング費用だけで既に200万円以上使っているし，今後も必要だから，お金は欲しい[22]。

Aは，法テラスに行き，被害者精通弁護士の紹介を受け，被害者参加することにして資力を疎明して国選で依頼することとした。示談で告訴取下げするよりも，起訴後に刑事手続の中で損害賠償請求しましょうと弁護士から助言を受けてそうすることにした。

(6) 公判前整理手続

Aは，この事件が裁判員裁判対象事件ではなくてほっとした。地域の一般人に自分の被害が知られるなんて絶対避けたいところだ。しかし，甲が否認していたため，公判前整理手続が行われ，しかも，それにはAの弁護士は参加できない。Aの証人尋問のときに①ビデオリンクにしてほしい，②付添人として主治医のところの臨床心理士を付けてほしい，③体調不良が続いているので，控室を用意してほしい，④途中休憩を取らせてほしいことなどを事前に検事に要望を伝えておかなければならなかった。Aは代理弁護士と相談しながら要望事項をまとめて伝えてもらい，被害者参加することにして弁護士の助言を受けられて本当に良かったと思った[23]。

---

(21) 重症のPTSDや抑鬱状態にある方で，証人出廷後に自殺したり自傷行為が悪化したりした例もある。検察官は，証人尋問に「耐えられない」被害者の実情の集積や当該被害者の主治医の診断書等を裁判所に呈示し，321条1項2号の「供述不能」要件を疎明して被害者の証人尋問を可能な限り回避すべきである。出廷の可否については主治医と十分協議し，出廷時の送迎，出廷後の心身の状態の悪化への備えが必要である。2号要件の疎明資料として，今後，被害者の取調べの録音録画の活用が望まれる。
(22) 示談金の使途内訳を立証し，到底慰謝には不足することを裁判官に理解させ，量刑事情として過度に重視すべきでないことを説明していく必要がある。
(23) 公判担当検察官と被害者参加代理弁護士との連携協力が重要である。

他方，検事から，最近の裁判所は尋問時間の制限が厳しく，短時間しか認めず，延長も認められないと言われ，短時間に要領よく答えられるか一段と不安になった。和やかなカウンセリングの場でさえなかなかうまく話せないことを緊張する法廷でぺらぺら要領よく話せる人なんているんだろうか，もし上手に話せるなら，その方が嘘くさい気がする。尋問時間が昔より制限されているそうだが，裁判所は誰のためにそんなに急いで裁判するんだろうか……

(7) 証人尋問

(a) 証人テスト（規191-3）

Aは，証人尋問の数日前，検察庁に呼び出されて証人テストを受けた。法廷の配置，証言の手順等の手続の詳細の説明を受けた後，証言内容について記憶しているかどうか再度質問され，また，反対尋問の心構えの説明を受けた。検事から，証人テストを受けたことについて弁護人から反対尋問を受けても問題ないから正直に答えるよう注意を受けた。

(b) 入　　廷

証人尋問当日，Aは，被害者支援団体の支援員に送迎してもらい，検察庁に来て担当検事と検察事務官とともに裁判所の横の出入口から，書記官室に行き，ビデオリンク室に案内された。万一にも甲の家族らと会ったり，傍聴人にこの事件の被害者だと分かられたりしないように注意してくれた。でも，やはり，裁判所に入っただけで過呼吸の発作が出そうなくらい緊張してしまう。被害者特定事項秘匿決定がなされたので，Aの名前やマンション名も仮称とされた。

(c) 主　尋　問

Aは，検事からの質問に対しては，これまで何度も説明した被害状況を証言するだけだから何とかなると思っていたが，ビデオリンクで検事の顔もよく見えないから話しづらい，被告人甲が自分の証言を聞いているのが怖くて気持ち悪い，傍聴人に誰がいるかも分からない，一問一答って不自然で何て話しにくいんだろう，話しづらい内容だからつい声が小さくなってしまう

けどそのたびに裁判官から「もっと大きな声で」って言われて叱られている気がする，緊張してうまく話せないし，裁判官は本当にちゃんと自分の証言を聞いて分かってくれるだろうか，不安でたまらない。

　検事が，一通り被害状況の証言が済むと，再現実況見分のときの写真をAに呈示して，「このとおりでしたか」と聞くので「はい」と答えた。あれだけ苦労して作成した再現実況見分調書も弁護人が不同意にすると証拠能力がないので，裁判官に見てもらうにはこの尋問作業をしないといけないとのこと（規197-12）。見るのも苦痛だが，仕方がない。

　尋問時間もすごく制限されていて言いたいことの半分も言えずに終わった……

(d) 反対尋問

　弁護士が，Aに対し，Bとの交際状況や他の男性との性的経験の有無等について執拗に質問したため，検事が「関連性なし」との異議を出した。弁護人は，Aが甲と合意で性行為をするような人物であるか否かを判断するためには，Aの性経験に関する尋問が必要であると主張し，裁判長は，異議を棄却した。Aは証言を継続せざるを得なかった[24]。

(e) 補充尋問

　裁判官は，Aに対し，エントランス内の防犯カメラに甲と笑顔で写っている理由を聞いた。これに対し，警察と検察とは，A供述の信用性を弾劾され得る客観証拠として，マンションの出入口の防犯カメラ画像を解析し，Aの出入り時刻と甲の出入り時刻とが全く符合せず，甲がマンション住人

---

(24) 英米のレイプ・シールド法（本書148頁）が日本にはない。検事が適時異議を出すのは容易ではない上，裁判長が異議を認めて尋問を制限する保証もない。近時，被告人の犯人性の証拠として被告人の同種前科を用いる場合には手口に特徴がある場合にのみ関連性が認められる。被害者の性経験を「同意」の証拠に使うにも，よほど特殊な性癖でもなければ関連性はないはずである。裁判所や法務省が「日本にはレイプ・シールド法は不要である」というなら，尋問制限（刑訴法295条1項）を適切に行い，質問の関連性（規199-14第2項）を厳密に問い，「みだりに証人の名誉を害する事項」（規199-6但書）又は侮辱的尋問（規199-13第2項1号）として尋問を制限するべきである。

の出入り時にオートロックをすり抜け，不自然に長時間エントランスにいたことを解明したため，Ａの「挨拶を返しただけ」という証言の信用性が担保された[25]。

　(f)　尋　問　後

　Ａは，支援員に付き添われて帰宅したが，尋問の疲れと被害状況を集中的に記憶喚起したことによりＰＴＳＤと摂食障害が悪化し，入院した。検察官は，主治医からＡの病状を聴取して追加立証した。

(8)　被害者参加

　Ａの被害者参加代理弁護士（国選）は，検察官から記録開示を受け，甲の主張内容が余りにひどかったためＡに詳しい説明はできなかった。Ａが証人尋問では十分被害感情を言う余裕がなかったため，ＡのＰＴＳＤ等の重さや処罰感情を伝える手段として，意見陳述（法292条の2第1項），被告人質問（法316条の37）及び被害者論告（同条の38）を行った上，損害賠償命令の申立て（犯罪被害者等の権利利益の保護を図るための刑事手続に付随する措置に関する法律23条1項）を行った。

❸ 事例1から浮かぶ捜査の問題点

(1)　捜査初期段階からの被害者支援の必要性

　以上，事例1を概観して明らかなとおり，性犯罪事件では，通常の初期捜査が被害者にフラッシュバックを生じさせるような過酷な「二次被害」になりかねない。被害者の身体から精液を採取してＤＮＡ鑑定するなど被害者に

---

[25]　証人の供述の信用性は，観察，記憶，表現の正確性と証人の信用性で判断される（規則199条の6）。客観証拠との符合は最も重要である。「笑顔写真」等の被告人に有利な客観証拠については，被害者から合理的説明を得るほか，客観証拠の解析が必要不可欠である。また，被害者に虚偽供述の動機がないことにつき，被害者が被害申告によって被った不利益を被害者本人や家族等の供述や失職，通院記録等によって補強する。被害者が，被害に遭わなければ発症するはずのない典型的なＰＴＳＤや抑鬱状態にあることについて医師の意見書又は証言を得る。医師等の証人についても証人特定事項秘匿決定の制度が平成27年度から導入される。

捜査に協力してもらうことが不可欠であるが，被害者には羞恥心，嫌悪感，心身の苦痛（陰部の診察や証拠採取，写真撮影等）を伴うものである。大阪府では，「被害者の心情に配慮した性暴力証拠物取扱いマニュアル」（平成27年2月）を作成し，性暴力被害者が，警察に被害申告する前に民間支援団体であるSACHICOで受診した際同意を得て採取した証拠物につき，後日被害申告したときに利用できるようにした。

これに対しては，初動捜査開始時点から，訓練を積んだ被害者支援要員の警察官又は民間の被害者支援員が被害者に付き添い，捜査官が真相解明のために被害者への配慮を忘れそうになるときには，被害者を代弁して被害者への配慮を優先させるべきことを，捜査担当者及び被害者支援担当者の共通認識とすべきである。

(2) 被害者に配慮した物的設備の改善

捜査費用や被害者のために支出される費用には限界があるため，ほとんどの警察署や検察庁は，被害者が初めて訪れる際に居心地の良い空間とは言い難い。しかし，被害者を最初に捜査車両に乗せて病院に連れて行く際，汚染防止のビニールシートを触り心地の良い物に替える，被害者のための取調室を被疑者用と別にする，被害者の待合室に一時横臥して休めるようなソファを入れるなど，性犯罪の被害者の心身の傷つきに配慮した物的設備・用具の改善も必要であろう。

(3) 被害者の取調べに関するマニュアル・研修の必要性

警察官や検察官は，近年まで被疑者・被害者・目撃者のいずれについても，取調べ方法の特別なマニュアルや研修はなかった。取調べの結果として作成された調書について決裁を通じて指導がなされてきたからである。「On the Job Training（OJT）」が原則であって，取調べは一種の職人仕事だと思われてきた。しかし，被疑者の取調べ自体の録音録画が裁判で証拠として用いられることもあり，被疑者の取調べの在り方・方法についての平準化・構造化が求められるとともに，諸外国における取調べ方法の研究をも採り入れた新

たな研修の必要性が認識されつつある。

　また，被疑者の中でも知的障害者や精神障害者の取調べにつき，子供の被害者に対する司法面接法の応用が必要であると言われ始めている。

　被害者の取調べの録音録画も子供や知的障害者等の供述弱者につき試験的に実施されており，今後拡大することが予想される。被害者の取調べについても，マニュアルや研修が必要である。

　被害者の取調べについては，子供の被害者に対する司法面接法が欧米で開発され，日本にも紹介されている。司法面接法の構造的・非誘導的な聴取手順自体は，子供のみならず，成人の被害者全般にも有用である。

　司法面接法にも何種類かあり，異なる点もあるが，一般的な構造的な質問手続の骨子は，おおむね以下のとおりである[26]。

① 　ラポールの形成
② 　導入：自己紹介，面接目的の告知，カメラの紹介。
　　グラウンドルールの呈示：①本当のことを言う，②分からなければ分からないと言う，③知らなければ知らないと言う，④面接者が誤ったことを言ったら正す。
③ 　エピソード記憶の訓練：２つの過去の出来事（数日～数週間前の出来事と，昨日又は今日の出来事）を思い出して説明させる。
④ 　自由報告を求める。
⑤ 　自由報告した出来事について質問する（５W１Hを特定する質問，多肢選択式質問，必要最小限の誘導尋問）
⑥ 　休憩：バックスタッフに他に明らかにすべきことはないか確認する
⑦ 　自由報告では話されなかったことに関する質問（必要に応じて仮定的質問）
⑧ 　開示経緯の報告：被害に遭ったことを誰に話したか，どうしてこの出来事が他者の知るところになったかの説明を求める。
⑨ 　クロージング：調書化，面接への協力に対する感謝及び連絡先を伝え，

---

[26] 児童相談所における性的虐待対応ガイドライン 2011 年版

第2編　性暴力被害と刑事裁判

　　質問がないか確認し，事後の手続につながる対応を行う。

　被害者が成人の場合でも，このように自由報告を中心とする手順で事情聴取するのが望ましい。成人の性被害者に対する事情聴取において，この司法面接の構造を利用しつつ，信用性を吟味するためには，以下のような手順に配慮するのが望ましいと思われる。

①　ラポール（信頼関係）の形成

　性被害者は基本的に人間不信に陥っているのが普通であるので，ラポールの形成を図ることは二次被害を与えず，供述を促す上でも大切であろう。

　子供に対して福祉関係者が調査面接するのと異なり，捜査官が成人を事情聴取する場合には，捜査に対する真摯な態度と高い捜査能力を示すことこそが被害者の信頼を得るベースであるが，被害者の人格を尊重する態度や和やかな雰囲気作りも傷ついた被害者の聴取には必要である。

　ただし，被害者が様々な理由から嘘や隠し事をすることもあり得るので，捜査官は，支援者などと違って被害者を「全面的に受け入れる」という態度を示すことはできず，疑問点は問いただして解明しなければならない。被害者が，刑事手続への協力という重い負担を負った末に不起訴や無罪となるのは被害者自身のためにもならないので，捜査官は，被害者に対し，真実を語ることが最も重要であるということを言葉と態度で示すことが，最も重要な「ラポール」の基盤である。

　そのためには，捜査官自身も，嘘を言ってはいけない。手続上，できない約束（絶対に証人出廷は回避しますなど）をしてはいけない。

②　導　　入

　成人であっても，被害者は，取調べでは緊張しているので，警察官や検察官が和やかに自己紹介し，取調べの目的や手順，録画する場合はカメラの説明などをした上で，グラウンドルールを説明することは大切である。

　被害者は，出来事について記憶に濃淡があるのが普通であるが，記憶が曖昧な部分についてもできる限り思い出して一所懸命説明しようとする余り，「②分からなければ分からないと言う，③知らなければ知らないと言う，④

第3章　性犯罪捜査の問題点

面接者が誤ったことを言ったら正す」ということを遠慮してしまいがちである。無罪事例等において，供述が不合理に変遷していると指摘された原因の中にも，被害者が調書訂正のタイミングをつかめずに遠慮してしまった例があるので，最初にこの点を納得してもらうことが重要である。

③　エピソード記憶の訓練

通常の成人の場合は，不要であろうが，被害の後遺症として健忘の症状がある場合などには必要な場合もあり得る。

④　自　由　報　告

非誘導的に傾聴を旨として供述をさせることが重要であり，特に，今後，被害者の取調べの録音録画をするに当たり，初期の取調べほど自由報告は重要になってくる。

⑤　自由報告した出来事についての質問

この質問によって，犯人の人定，被害の日時・場所・方法などの訴因の特定（刑訴法256条2項1号，3項）に必要な事実を特定しなければならない。

そこで，規則199条の6に基づき，被害者供述の信用性を検証するため，観察条件，記憶の正確性，客観証拠との整合性など，供述の正確性を吟味しながら被害者を取り調べる必要がある。

捜査の初期段階では，客観証拠が収集未了であり，被害者の記憶にも曖昧な点があるため，被害者の初期供述が後日収集された客観証拠と矛盾している場合もあり得る。

このとき留意すべきことは，人が事物を認識する際，五感を通じて知覚するので，五感（視覚，聴覚，触覚，嗅覚，味覚）を通して得た情報について聴取すべきであること，殊に視覚優位であるから，目に見えない事項（言葉，感情，時間など）についてよりも，目に見える事項（人，場所，方法）を先に確認すべきであるという点である。被害者は，しばしば，出来事の日時や時系列的順序という五感で知覚できない情報について混乱して不正確になることがあり，それが被害者の供述の信用性を低下させ，無罪判決がなされた例が散見される。

したがって，日時について断定的な供述を初期段階で求めることは，リス

クが高い。訴因の特定には，日時や時系列的順序の詳細な特定まで必要ではないので，記憶の濃淡に従った幅のある供述でも問題はない。

　他方，被害者が実際に目で見て確認し，鮮明に記憶している事項（場所の様子，犯人の身体的特徴や凶器等の所持品等，被害と直結している情動記憶）などについては，具体的な特定を求め，客観証拠の裏付けが得られるかどうか検証する必要がある。

　また，被害者が犯人と身近に接した場合には，熱さ，味，臭いなどの触覚や嗅覚で感じる事項も意外によく覚えていることがあるが，これらは，言語的説明が難しく，客観的な証拠として立証する方策が限られていることが多い。ただし，これらの事項を質問することによって，被害者の記憶が喚起されることはある。

　被害者供述の信用性を吟味する上で最も重要なことは，客観証拠との符合性である。性犯罪自体は，客観証拠が少ない事案であるが，犯行前後も含め可能な限りの客観証拠を収集し，被害者供述が補強され得るか否かを吟味することが，冤罪を防止し，被害者供述の信用性を担保する上で重要である。そのためにも，このような検証に耐え得る詳細な供述を得なければならない。

⑥　自由報告では話されなかった争点に関する質問

　性被害者の取調べにおいては，この質問が極めて重要である。

　強姦罪の成立要件として，被害者が「反抗を著しく抑圧されていたこと」が要求され，回避，抵抗，逃走，援助要請，直接開示しない限り，供述の信用性を疑われる。すなわち，被害者には，抵抗等の義務が課されていることになる。不作為犯において，作為義務が課される場合であっても，犯罪成立には，更に作為可能性・容易性が必要である。強姦の被害者は，決死の抵抗等を試みることはほとんどないので，抵抗等が不可能ないし著しく困難であったことを説明しなければならない。

　しかし，人は，自分が体験した事実については自ら説明する（自由報告）が，自分が体験しなかったことについては，質問されない限り自分から説明しようとは考えないので，自ら供述することはない。

　そこで，捜査官は，被害者に対し，「なぜ抵抗しなかったのか」「なぜ逃げ

なかったのか」「なぜ通行人等に助けを求めなかったのか」などの説明を求めなければならない。

ところが，「なぜあなたは抵抗しなかったのですか」という質問は，「あなたは，『抵抗する』という選択ができたはずなのに，なぜ『抵抗しない』という選択をしたのですか」という意味に聞こえる。被害者は，抵抗しなかったのは自身の自己責任であるかのように非難されたと感じ，「二次被害」を受けてしまい，それ以上供述しなくなる。

捜査官は，被疑者の取調べにおいては，被疑者の作為につき「なぜ」という質問を多用するので，被害者に対しても，つい同じように「なぜ」と質問し，無意識に被害者を傷つけたり，沈黙させたりしてしまっていることに気付かないことが多い。

そこで，「仮定的質問」が必要になる。

すなわち，「なぜ（why）」ではなく，「あなたは抵抗できましたか」「もし，抵抗していたなら何が起こったでしょうか（What if）」の質問をするのである。「なぜ」は，人の心の内側に原因を求める質問であるため，被害者は自分自身が責められているように感じる上，目に見えない自己の感情を言葉で説明するという難しい課題を突きつけられて答えにくい。これに対し，「もし，〜なら何が起こったか」は，人の心の外側に原因を求める質問であり，客観的な外部事情に関する質問であるから，答えやすいのである。

例えば，「なぜ抵抗しなかったのか」というのは，被害者自身の心中の選択を質問することになるが，「もし，抵抗したら，何が起こったでしょうか」と言えば，被害者は，「抵抗しようとしたら，相手から更に暴力を受けて殺されたと思う」「そう思った原因は何ですか」「つかまれた腕の力が強くて，全く動けなかった」「動くな。騒ぐと殺すぞ，と言われた」などと，被害者の心中ではなく，犯人側の事情について語り出すことになる。

また，「なぜ逃げなかったのか」ではなく，「もし，逃げようとしたら，どうなりましたか」と質問すれば，「私はハイヒールを履いていて走りにくかった。相手の男性は若くて足も速そうだったから，逃げてもすぐ追いつかれると思いました」などと具体的な事情を語るので，事実確認ができる。

「なぜ通行人に助けを求めなかったのですか」ではなく,「もし,通行人に助けを求めたら,どうだったでしょうか」と質問すれば,「被害状況が見えているのに助けてくれないのは,助ける気がないと思った」「犯人から,『静かにしないと殺す』と脅されていたので,助けを求めて声を出して,もし助けてくれなかったとき,犯人を怒らせて殺されると思った」「助けを求めようと思って声を出そうとしたけど,喉がひりついて声が出なかった」「恥ずかしくて何も言えなかった」など,様々な答えが返ってくる。

捜査官は,被害者の事情聴取に当たり,被害者の供述する被害経緯と被疑者の説明する事実経緯を比較対照し,被害者がどのタイミングでどのような抵抗・逃走・援助要請等の機会があったかを検証し,それらについて,被害者が抵抗等が不可能であったか否かを確認する作業をしなければならない。

また,被害者が正常性バイアスのため回避が困難であること,ストレス反応から,抵抗不能に陥りやすいことなどの心理学的・生理学的知見を活用することも必要である。

⑦ 被害申告経緯

被害者の「証人としての信用性」（規則199-6）が最も問われやすい場面である。

被害直後に被害申告に至っている場合は余り問題とされないが,被害後相当期間経過後に被害申告に至った場合には,虚偽申告ではないかと疑われることが多い。

この点については,被害者は,自分が性被害に遭ったと思いたくない防衛機制としての「否認」の心理が働くため,被害直後は,必死に「日常」を演じて通学・通勤したりするのが普通であるから,被害申告が遅れたこと自体で虚偽申告を疑うべきではない。

しかし,被害者が,「否認」の心理のために被害申告が遅れたとしても,本当に被害に遭ったなら,「日常」を演じるエネルギーがそのうち枯渇して疲れ切り,被害者特有のトラウマ反応を示すはずである。

したがって,被害者が,被害から一定期間経過後被害申告した場合には,被害者のトラウマ反応の有無・内容・診断結果,虚偽申告の動機の有無,被

第3章 性犯罪捜査の問題点

表 【証人の供述の信用性判断の基準と立証方法】

	内　容	例	立証方法例
観察	客観的・外部的観察条件	距離, 位置, 明るさ, 障害物, 観察時間, 動体／静止	視認可能性の実況見分
	主観的観察条件：恒常的	視力, 年齢, 知能, 精神障害, 対象物に関する知識・経験等	視力検査結果, 成績表, 診断書
	主観的観察条件：可変的	酒・薬物, 疲労, 眠気, 情動	飲酒検知, 血液検査, 勤務記録
記憶	忘却	観察から供述までの時間経過	供述経過の記録化, 録音録画
	何らかの影響による変容	他者（家族, 児童福祉関係者, 警察官, 検察官）からの誤導尋問・重複尋問, 報道の影響, 精神的治療の影響	司法面接法の応用, 重複を避ける計画的事情聴取, 家族等関係者に対する誘導尋問の禁止, 暴露療法等の治療前の第1回公判期日前の証人尋問の活用
表現	客観的証拠との整合性	被害者の身体の負傷・陰部等の負傷, 性病, 妊娠・堕胎, 着衣破損, 犯行前後の防犯カメラ画像, 携帯の履歴, 現場の指紋・足跡	被害者の身体の診断書, 写真・図面, 医師の意見書, 着衣写真 画像・携帯の解析結果 指紋・足跡の鑑識結果
	供述内容自体の正確性	供述内容が合理的, 自然, 具体的・迫真的, 一貫, 被害者しか知り得ない（親や捜査官が誘導し得ない）秘密の暴露	誘導を避け, 記憶の濃淡に従って聴取し, 変遷がある場合は合理的説明を求める。問答式調査, 被害者が使う用語の尊重
証人の信用性	故意の嘘（虚偽告訴）でないこと（証人の利害関係）	被害者と加害者が利害関係がないこと 被害者が捜査官等と利害関係がないこと 被害者の自己保身等の虚言でないこと 被害者に虚言癖, 妄想癖等がないこと	被害者と加害者との人間関係に関する通信記録や関係者の供述 示談交渉経緯の記録, 被害者の過去の被害申告歴, 被害者の精神科の診断書 被害者の被害申告による不利益の大きさ（弁護士費用や転居・治療等による金銭的損害, 捜査協力のための時間的・精神的負担, 名誉や家族との軋轢）
	過失で誤解していないこと（偏見, 予断）	被害者が, 痴漢の手を取り違えていないこと 被害者が, 鞄等が当たったり, 睡魔から傾いただけなのに痴漢と誤解していないこと 被害者の過去の痴漢被害と比較して思い込みがないこと	被害者と被疑者との体格・服装・所持品・位置関係・手足の障害の有無等を忠実に再現した再現実況見分 車両やホームの防犯カメラ画像の解析による被疑者の言動, 車内の混雑状況, 被疑者・被害者の通勤・通学ルートの確認 鞄等が当たっただけのときと揉まれたり下着内に指を入れられたりした場合の感触の違いの実験

第2編　性暴力被害と刑事裁判

疑者との利害関係，示談交渉経緯，被害者が被害申告によって得るものの小ささと失うものの大きさを精査する必要がある。

被害者が精神科医を受診していない場合，PTSD チェックリストと照合しつつ，被害者に PTSD 症状がないかを確認することも考えられる。

⑧　調書作成

被害者の用いる用語・表現を重視し，安易に捜査官が使う用語に変換しないことが大切である。被害者が使う表現が曖昧・多義的である場合には，その都度説明を求めれば足りる。

羞恥心等から性器等について話しにくい場合は，医学的用語を説明して使えば正確で羞恥心もかえって起きにくい。

最後の訂正の有無は慎重に確認させ，改めてグラウンドルールに基づき，細かいことでもきちんと訂正するよう注意喚起することが大切である。

この手続は急いではならない。人は，最も大切なことは，最後に話すことが多いからである。調書を作成して読んで確認して署名する段階になって初めて，被害者は，捜査官が，被害者の供述内容を正確かつ的確に言語化して書き表してくれたと納得し，本当の信頼関係が生じる（不正確な調書しか作成できていなければ，不信や期待外れが生じるであろう）。筆者自身，被害者や遺族調書を作成した際，署名後にぽつりと話してくれた内容こそが最も大切なことで，慌てて調書に追加したことが何度もあった。相手を信頼して初めて，本当に大切なこと，最もつらく，話しにくく，心の奥底にしまい込んでいたことを語ろうという気持ちになってくれるものである。

ゆったりと，お茶でも出してねぎらいながら，「言い残したことや，付け加えたいことはありませんか」「もし，後で思い出したことがあれば，いつでも御連絡ください」と伝えつつ，訂正がないか再確認するくらいの余裕が欲しい。

⑨　クロージング

捜査協力に対する感謝及び連絡先を伝え，事後の手続及び被害者の諸権利とその限界について説明し，質問や要望がないか確認する。

付添人がいる場合は，クロージング段階には入室させて手続や権利の説明

第３章　性犯罪捜査の問題点

等に同席させた方が良い場合もある。

(4) 被害者供述の信用性の判断基準

　刑事訴訟において，証人の供述の信用性を判断されるのは，観察・記憶・表現の正確性と証人の信用性である（規則199条の6）。それぞれの過程には，客観的側面と主観的側面とがある。性犯罪被害者の供述の信用性については，前掲の表の内容について，例示されたような諸点が問題とされることが多く，それぞれについて可能な限り客観的な補強証拠を収集して信用性を吟味することが必要となる。

❹ 事　例　2

　Ｃ子は，14歳の中学生であるが，不登校気味で，一見していわゆる非行少女である。某日，深夜徘徊中補導された際，「家に帰りたくない。ママの彼氏にいやらしいことをされるから」と言ったため，警察は，児童相談所に通報し，一時保護された。児童相談所は，Ｃ子の母親Ｄ子（34歳，Ｃ子の父とは５年前に離婚）に面談して質問したが，怒気露わに否定した。Ｄの内縁の夫乙（28歳，４年前から同棲）は，工場勤務の会社員であり，児相の面接でも「あり得ないですよ。Ｃ子は非行が多く，家で叱責されるのが嫌で家出を繰り返しており，しつけに困ってるんです」と真面目に答えた。

　Ｃ子の身体につき系統的全身診察[27]が実施され，背部・上腕部の打撲痕から軽度の身体的虐待の存在がうかがわれ，また，陰部の軽度の炎症等から

---

(27) マーティン・Ａ・フィンケル著，柳川敏彦他監訳「子どもの性虐待に関する医学的評価」（診断と治療社）2013年参照。子供の性虐待症例を医学的に診断する場合，全身を系統的に診察する必要がある。性的虐待は痕跡が残りにくいため，診断が難しい。また，身体的虐待をも伴う場合もあるものの，目立たない頭部や着衣で隠れる部分などへの暴力であるため，全身を診察しないと分からない。
　筆者自身，ネグレクトや性的虐待の被害児童らが，「パパから叩かれたことはない」と供述していたのに，父親が有罪になり，母親が保護して相当期間経過後に初めて「本当はパパから頭を叩かれていた」などと開示があったケースがあり，いかに子供が虐待者を恐れて開示をためらうかを痛感したことがある。

性交経験があることはうかがえたが，C子には性非行の疑いもあったため，性的虐待の存否の判断はできなかった。

児相は，C子について性的虐待事案として一時保護を継続すべきか否か判断するため，被害確認面接を実施することにした。この段階では，C子が警察に被害届を出そうにも親権者であるDはC子の話を否定しているので，C子自身に告訴能力は認められる（判例では10歳でも認められている）ものの，直ちに警察に相談できると思えず，警察官も検察官も立ち会わないまま，児童相談所内で児相職員Fが面接をした。

しかし，C子は，日頃から，「非行少女」と扱われることで大人に対する信頼を失っており，児相がD，乙から事情を聴取して両名が否定したことも察知し，「どうせ何を言っても信用してもらえない」と供述を渋った。Fは，C子が補導されたときに話した内容に言及し，詳しい説明を求めたが，「忘れた」「もういい」「ママ，怒ってた？私，もう家に帰れないの？」などの発言に終始した。Fが，「家に帰ってまた乙さんと同居しても大丈夫？」と質問すると，C子は，「……ママは乙が好きだから……ママと一緒にいたいし，元の学校にも行きたいし……ん，大丈夫，我慢できる」と言った。

結局，児童相談所は，虐待の事実も確認できず，親権者の母親も児童本人も帰宅を希望していることから，C子の一時保護を解除して帰宅させた。

数カ月後，C子は，家出し，家出少女に売春をさせる組織に組み込まれ，児童福祉法違反・売春防止法違反で経営者が摘発された際，身柄を保護され，ぐ犯少年として少年鑑別所に入り，少年院送致となった。C子にとっては，少年院が，幼児期以来，久しぶりに，夜安眠できる（自分1人で眠れる）安全な場所となった。

❺ 事例2から浮かぶ捜査上の問題点

(1) 児童相談所における性的虐待の調査と警察による捜査の違い

児童福祉の専門家らが，司法面接を実施する場合，その目的は，子供が性被害等の被害に遭ったか否かを確認し，子供の保護等の福祉的手続を進める必要の有無を判断するためのものであり，刑事訴訟手続における合理的な疑

いを入れない程度の信用性のある供述を得るというものとは異なっている。

　児童相談所が虐待の存否について調査する場合，虐待者と疑われている親にも面接調査することがあるが，虐待していなければ当然否定するし，虐待している場合，それが深刻なものであればあるほど否認するので，結局答えは同じであるから無駄である。

　虐待者の供述の真偽を判断するには，被害現場である自宅の捜索・差押えや，被疑者，母親の勤務記録や携帯電話やパソコン等の解析結果，被害児童の登校記録等から，家族の行動を解明し，乙が不自然にC子と自宅や外出時に2人きりになった時間帯がないかを確認し，被疑者が保管する写真・画像データやメール・SNS等のデータを精査して虐待の痕跡の有無を解明する必要がある。

　このような，被疑者のプライバシーを丸裸にするような捜査は，児相が行い得るものではなく，子供の一時保護が先行する場合，被疑者に罪証隠滅の機会を与えずに，捜査して立件するには，初期調査段階からの多機関連携が必要である。

(2)　**性的虐待事案における多機関連携の必要性**

　児童相談所の職員は，公務員であり，職務上，犯罪（性的虐待の場合は，（準）強姦，（準）強制わいせつ，児童福祉法違反等）があると思料するときは，告発をしなければならない（刑事訴訟法239条2項）。

　「犯罪があると思料する」とは，合理的根拠に基づき犯罪があると思料されることをいい，告発事件について起訴されて無罪が確定した場合，告発人において，故意又は重過失があるときは，訴訟費用を負担させられる場合がある（同法183条）。

　行政機関が告発するのは，おおむね，国税局が脱税事件について告発したり，証券取引等監視委員会が証券取引法違反について告発するなどがほとんどであり，これらの告発のための調査においては，検察官が各機関に出向して当該機関の専門的な職員とともに犯則調査に当たり，告発前に検察庁と協議して嫌疑を十分確認した上で告発を行うのが通常である。

第2編　性暴力被害と刑事裁判

　これに対し，児童相談所には，告発するに足る嫌疑があるか否かを判断する法律専門家がいないため，虐待事案について告発することは稀である。児相が虐待事案を扱うことが少なかった時代には，福祉機関として法律専門家は不要であったかもしれないが，今や多数の虐待事案を扱い，被害申告すべきか否かでその都度頭を悩ませているのであるから，児童相談所に虐待の調査を専門的に行う警察からの出向者や，単に事案ごとに臨時に相談する顧問弁護士ではなく，常駐する弁護士を抱えるべきであろう。
　一部の児童相談所側で試行されているが，更なる拡大が望まれる。
　そこで，児童相談所の職員が不十分な調査手段しかない中で虐待の存否について判断する負担とリスクを負うのではなく，子供が虐待を開示した場合には，RIFCR™等でスクリーニングし，原則として直ちに警察に通報し（告発ではない），司法面接のバック・スタッフに警察官と検察官と児相（と児相の顧問弁護士）が入るという多機関連携を早急に確立すべきである。
　そして，司法面接の結果，捜査を開始すべきか否かは，児相ではなく，警察官と検察官が判断すれば良い。このような連携が確立すれば，個別事案の「嫌疑」の程度について警察への通報を要するか否か児相が思い悩む必要はなく，また，子供に意思決定させるような負担を負わせる必要もない。
　警察も，児相からの事後的な報告を待って子供に何度も質問する必要がなく，初期の司法面接段階から関与することによって，信用性の高い供述を録画付で保存することが可能になり，事後の捜査及び公判立証が容易になるとともに，多機関連携が確立すれば，司法面接の際にバック・スタッフから司法面接者に質問事項を指示することに関する経験が集積され，虐待の存否の判断が容易になるはずである。
　児童相談所は，刑事手続の進行が，被害児童の福祉に反しないように配慮するのが本来の職務であろう。また，非加害親のサポートも児相の重要な役割の一つである。
　性的虐待については，身体に明確な痕跡が残っているような稀な場合でない限り，子供が自ら開示しなければ発覚することは滅多にない。子供が性的虐待を受けたという虚偽申告をすることは極めて稀であるから，このような

開示があった場合には，原則として捜査すべきである。万一，捜査の結果，最終的に虐待の存在が立証し難いと判断された場合であっても，子供が保護者を性的虐待者であると訴えたのであれば，その育児や親子関係については，児相が介入すべき重大な福祉上の問題があったといえるであろう。

(3) 司法面接法の応用とその問題点

　子供の被害者に対する司法面接法には，NICHDプロトコル（仲真紀子氏，北海道大学）やChild First™プロトコル（認定NPO法人子どもの虐待ネグレクト防止ネットワーク）など，アメリカの研究所や大学で開発された手法が日本でも紹介され，研修が実施されている。警察や検察庁でも，主としてNICHDプロトコルに基づく司法面接法の研修が近年実施され始めているが，簡易版を1回受けるだけであるため，司法面接の概念を理解する程度にとどまり，司法面接官として習熟するには至っていない。

　アメリカでは，捜査官ではない専門職の司法面接官が，子供の虐待事件に関する多機関連携チームの一員として，検察官，警察官，児童福祉の専門家（児童相談所等）と連携して司法面接を実施し，繰り返すことにより習熟して専門性を高めるとともに，新たな心理学的知見等の専門知識を絶えず専門家として更新し，かつ，面接が独善的にならないようピア・レビュー（司法面接官同士による非公開の事例検討等による評価・査定）を継続的に実施することが重要であるとされている。

　現在，警察・検察庁において，子供の被害者の取調べに司法面接法をどのように応用するかは模索中である。被害者のために取調べ回数を減らすのであれば，刑訴法321条1項2号と3号の要件の相違に鑑み，警察官の取調べを省略して最初から検察官が被害者を取り調べるという方向が考えられる。しかし，検察官の100倍以上の人員を擁する警察官なら司法面接官に特化した専門職を採用・養成することも可能であろうが，1人の検察官が専ら児童虐待事件を専門的に行い，司法面接法に習熟し続けるなどということは，人員配置的に考えて余り現実的ではない。

(4) 性的虐待事件の捜査における多機関連携の有用性

捜査官が司法面接研修を受けることは，バックスタッフとして司法面接に参加する際，司法面接官に対してどのような追加質問を依頼するか考え，検察官が最終的に検面調書を作成する際，司法面接結果の適正を検証する上で有用であろう。

多機関連携が進めば，司法面接を実施する場合，バックスタッフに検察官，警察官，児童相談所職員，児相の顧問弁護士や医師（産婦人科医又は小児科医等と，児童精神科医）等が一堂に会するようになる。

捜査の進捗に応じて適宜相互に連携することも必要である。

今後，司法面接を捜査・公判に生かすためには，多機関連携による以下のような手順が考えられる。

① 司法面接を専門的に行う警察官や民間団体の行う司法面接に捜査を担当する（予定の）警察官及び検察官と児相職員がバックスタッフとして参加し，質問事項を指示する。

② 警察による被害児童の取調べは必要最小限にする。事前に検察庁と合意がある場合には，警察による取調べを省略し，警察と検察とで被害児童の取調べ事項について十分打ち合わせた上，検察官が追加で1回取調べを行う。

③ 検察官は，被害児童を取り調べる際，検面調書に司法面接結果の反訳を添付し，司法面接が適切に実施されたことを確認的に聴取するほか，司法面接後の捜査過程で判明した客観証拠や被疑者の弁解に関する必要最小限の事項を聴取して再確認する。

④ 司法面接及び検察官による被害児童の取調べは，いずれも全て録音録画する。

⑤ 検面調書を証拠請求するに当たり，被害児童のPTSD等の程度が重い場合は，法321条1項2号に基づき調書を証拠採用するよう請求する。「供述不能」要件については，診断書や医師の意見書を疎明資料とし，公判における証言が被害児童の精神に重大な悪影響があることを疎明する。

第３章　性犯罪捜査の問題点

　法廷で証言することが，いかに被害者の精神に負担であるかについての調査研究は寡聞にして知らないが，筆者が知る限りでも，性被害者が証言後に自殺した例，リストカットなどの自傷行為が急激に悪化した例，抑鬱状態が悪化して入院した例がある。研究の難しい分野であるが，研究者の方々には，被害者研究の一つとして是非検討していただきたい。

　「特信性」要件については，司法面接及び取調べの録画DVDを疎明資料とする。

　なお，２号書面の要件の存否を判断するため疎明資料は自由な証明で足りるので，医師の診断書や取調べDVD等は証拠提出し得るし，裁判官は，規則192条により検面調書の呈示命令を出せる。被害者が子供の場合には，特に配慮を求めたい。

⑥　裁判所が供述不能要件を認めず，被害児童の証人尋問を必要と判断する場合であっても，上記DVDを含む検面調書を「信用性を争う」形で主尋問に代えて証拠採用し，公判で実際に被害児童に行う尋問は，弁護人の反対尋問に絞るよう，公判前整理手続で合意を形成することが望まれる。裁判官も，取調べのDVDを見れば，検面調書を主尋問に代え，尋問時間を短縮することに意義を見いだすであろう。

　もちろん，被害児童の証人尋問を実施するに当たっては，被害者特定事項秘匿決定，ビデオリンク，付添人等の保護的措置を尽くし，傍聴人をできるだけ退廷させ，尋問時間についても児童の年齢や心身の健康状態に配慮して長時間にわたらず，適宜休憩を取ることなども考えなければならない。

⑦　多機関連携をよりよいものとするためには，児童虐待，特に性的虐待事件については，事件終結時に，反省会ないし意見交換会を開き，問題点，良かった点，今後の改善策等について検討し，知識・経験・情報を共有する必要がある。そのためには，検察庁に「児童虐待係」「性犯罪係」などの係検事を設置し，警察にも児童虐待捜査の専門チームを設置し，多機関連携の窓口とし，そこに虐待事件の捜査に役立つ専門的知見を蓄積し，専門性の向上に資することが望まれる。

第4章
事実認定における経験則とジェンダー・バイアス──2つの最高裁判決の事例を中心に

神山千之

❶ 司法における経験則とジェンダー・バイアス

(1) はじめに

　性暴力に関して，「強姦神話」と呼ばれる偏見が社会に広く蔓延しているということは以前から指摘され，裁判所の判断においても「強姦神話」と重なる内容──たとえば，性交渉に不同意であれば激しく抵抗したはずであるとの偏見──が経験則として振りかざされていると言われることがある（たとえば文献1・10頁）。「強姦神話」はジェンダー・バイアスに基づく考えの典型例である。

　ここで，ジェンダー・バイアスを定義しておこう。「ジェンダー」の一般的な訳語は「社会的・文化的性差」であり，「バイアス」は「偏見」なので，ごく一般的な定義としては「社会的・文化的性差別あるいは性的偏見」ということになろう。司法における事実認定という文脈に即した定義としては，「物事の見方や考え方が，社会的・文化的に形成された男性的視点からのものに偏っていること」と考えておけば大きな誤りはないと思われる。

　経験則の定義については論者によって表現が若干異なっているが，まずは代表的かつ簡潔なものを1つ挙げると，「個別の経験から帰納的に得られた事物の性状や因果関係に関する知識や法則」（文献2・173頁）である。それは，「法則」やそれと同列に挙げられる「知識」であるから，普遍性を持ったものであるはずである。「日常の生活経験から得た常識的法則と，専門的科学的研究によって知り得た法則で，世間一般または専門家によって承認されているもの」（文献3・369頁）として，世間一般または専門家による承認

第2編　性暴力被害と刑事裁判

の要素が挙げられるのも，普遍性を意識する趣旨だろう。文献3は民事訴訟法の代表的なコンメンタールだが，経験則の内容は民事訴訟と刑事訴訟とで基本的に異ならないだろう。

　本当に裁判所は冒頭に述べたような偏見を「経験則」としているのだろうか。最高裁平成21年4月14日判決（以下「小田急事件最判」という）と最高裁平成23年7月25日判決（以下「千葉事件最判」という）の2つの最高裁判決を素材にして検討してみる。これらの判決では，被害者の抵抗や回避行動が乏しかったことなどを挙げて，被害者の供述内容が不自然であると指摘しているが，これは，「本当に被害にあったのであれば逃げたり激しく抵抗したりするはずである」ということを経験則と扱っていることになるのだろうか。

(2)　各判決の事案の概要等

(a)　小田急事件最判

　被告人（60歳の男性）が通勤途中の満員電車（小田急線）内で通学途中の女性A（17歳）に対し，約7分の間にパンティに手を差し入れて陰部に触るなどの痴漢行為をしたとして強制わいせつ罪で起訴された。Aによると，上記経過の間に，痴漢行為をされた後途中駅で停車した際ドアから押し出されたが，車内に戻ったら押されて偶々また被告人のそばに来てしまうという出来事があり，その後も痴漢行為をされたとのことである。Aは，被告人のネクタイをつかみ，「電車降りましょう。」と言うなどし，降車した駅の駅長に「この人痴漢です。」と訴え，検挙に至った。被告人は一貫して犯行を否認した。

(b)　千葉事件最判

　被告人（48歳の男性）が，夜間，千葉市内の駅前付近の歩道を通行中の女性B（18歳）に対し，暴行脅迫を加えてビルの階段踊り場まで連行し強姦したとして強姦罪で起訴された。被告人は一貫して犯行を否認した。被告人の弁解の要旨は，「3万円の支払いを条件にBの同意を得てビルの階段踊り場まで一緒に行き，Bの手で被告人の性器を刺激してもらって射精したが，金

第4章　司法における経験則とジェンダー・バイアス

は払わずに逃げた」というものである。
　(c)　第1審，原審（控訴審）の判断
　両事件とも，被害を申告した女性の供述は信用できるとして，その供述に沿った事実を認定して，被告人を有罪とした。

(3)　小田急事件最判，千葉事件最判における破棄判断の形式
　両判決とも逆転無罪の判決であり，いずれも，「判決に影響を及ぼすべき重大な事実誤認があり，これを破棄しなければ著しく正義に反する」（刑事訴訟法411条3号）を理由としている。しかし，その結論に至る判断の過程では，被害者の供述を全面的に信用した第1審及び控訴審の判断について，千葉事件最判では「経験則に照らして不合理」と指摘しているのに対し，小田急事件最判では経験則違反との指摘をせず，「必要とされる慎重さを欠く」と指摘するにとどめている。
　小田急事件最判は第1審及び控訴審の判断について経験則違反とはしていないので，その合議体を構成する裁判官たちが前記のような偏見を経験則と考えているかどうかは，判断形式からはわからない。そこで，まず経験則違反との指摘をしている千葉事件最判について，この判決が第1審及び控訴審の判断のどういう点を経験則違反と見ているのかを考えてみる。

(4)　経験則についての千葉事件最判の考え方
　(1)で述べたとおり経験則は普遍性を持ったものであるはずなので，「本当に襲われたのであれば，逃げたり激しく抵抗したりするはずである」という命題は経験則とはいえない。この点について古田裁判官が反対意見で「容易に逃げたり助けを求めることができる状況があるのに被害者がこれらの行動に出ないのは不自然である，あるいは抵抗を試みていないのは不自然であるというような考えは，一見常識的には見えるものの，この種犯罪の実態から乖離したものであって，現実の犯罪からはそのような経験則や原則が導かれるものではない。このようなことは，性犯罪に関する研究等においてもしばしば指摘されているところであり，多くの性犯罪を取り扱う職務に従事する

者の共通の認識となっているといえる」と述べているところは正当であると考える。

　また,「本当に襲われたのであれば,逃げたり激しく抵抗したりするはずである」という命題の真偽については古田裁判官は「偽」としているし,法廷意見を支持する千葉裁判官の補足意見には「被害女性が相手の言動により強い恐怖心を抱き抵抗できなくなったり,困惑し冷静な判断や避難行動を取れなくなるということは一般にあり得る」とあるから,法廷意見を支持した裁判官たちも,前記の命題を経験則と考えることはできなかったろうと思われる。最高裁判所の裁判官は,全員が司法の分野の第一人者である。最高裁判所の各裁判官の立場に立ってみると,第一人者である同僚の裁判官が異を唱えているような命題について,それが経験則であると主張できるとは思えない。合議体の判断の中で,ある命題を経験則と称する場合には,少なくともその合議体の構成員の間では,その命題が「真」であるとの共通認識があるはずである。

　そこで,合議体の裁判官全員の共通認識といえるものの中から性暴力に関する経験則と称し得るものを探してみる。

　裁判官たちの判断の分岐点は,被害者の取った行動が合理的といえるか否かである。また千葉裁判官の補足意見には前記のとおり「被害女性が相手の言動により強い恐怖心を抱き抵抗できなくなったり,困惑し冷静な判断や避難行動を取れなくなるということは一般にあり得る」とある。そうすると,本件で問題とされている経験則は,①性暴力の被害者が抵抗や避難以外の行動を取ることがあり得る,②被害と上記行動との因果関係は合理的に説明できるはずである,という2つであると考えられる。この2つが「真」であることは本件の合議体の裁判官全員の共通認識と考えられるし,一般にも受け入れられるものであると思われる。

　この判決は,第1審判決及び控訴審判決が,Bが自己の行動として述べる内容の被害との因果関係を,この事件の具体的事情のもとで合理的に説明できないにもかかわらず,合理的に説明できると判断したことが誤りで,経験則②の適用を誤っているという意味で経験則違反であるという評価をしてい

要するに，千葉事件最判の法廷意見は，「本当に襲われたのであれば，逃げたり激しく抵抗したりするはずである」というジェンダー・バイアスに基づく偏見を経験則と考えているわけではなく，経験則を適用する段階での判断がジェンダー・バイアスの影響を受けているのだと考えられる。つまり，性暴力の被害者が抵抗や避難以外の行動を取る可能性があることは認めつつ，その可能性を実際よりも過小に評価しており，この過小評価がジェンダー・バイアスによるものであると考えられる。上記評価がジェンダー・バイアスによる過小評価であることは，2(2)で具体的に説明する。

(5) 経験則についての小田急事件最判の考え方

小田急事件最判においても，裁判官たちの判断の分岐点は，この事件の被害者の取った行動が合理的といえるか否かである。つまり，痴漢行為を受けた女性が積極的な回避行動を取らずにいたり当初は激しく抵抗せずにいたりしたことを直ちに不合理とするのではなく，痴漢行為を受けた女性がそのような態度を取ることがあり得ることを前提として，Aがそのような態度を取ったことを，事件の具体的な事情のもとで合理的に説明できるかどうかを検討している。その検討結果としての判断が，裁判官たちの間で分かれたのである。

そこで，この最判の法廷意見についても，2(1)で具体的に説明するとおり，性暴力の被害者が抵抗や避難以外の行動を取る可能性があることは認めつつ，その可能性を実際よりも過小に評価しており，この過小評価がジェンダー・バイアスによるものであると考えられる。

❷ 事例の具体的検討

(1) 小田急事件最判

(a) 事実の評価

Aの供述の不自然な点として，法廷意見は，

　①Aが車内で積極的な回避行動を取らなかったこと

②それなのに，Aが被告人のネクタイをつかみ積極的な糾弾行為を行ったこと
　　③Aがいったん下車しながら車両を替えることなく再び被告人のそばに乗車したこと
を挙げているが，堀籠裁判官や田原裁判官が指摘するとおり，これらは何ら不自然ではない。

　まず①と②に関して判決文から引用すると，「身動き困難な超満員電車の中で被害に遭った場合，これを避けることは困難であり，また，犯人との争いになることや周囲の乗客の関心の的となることに対する気後れ，羞恥心などから，我慢していることは十分にあり得る」（①について。堀籠裁判官の反対意見），「犯人との争いになることや周囲の乗客の関心の的となることに対する気後れ，羞恥心などから短い間のこととして我慢していた性的被害者が，執拗に被害を受けて我慢の限界に達し，犯人を捕らえるため，次の停車駅近くになったときに，反撃的行為に出ることは十分にあり得ることであり，非力な少女の行為として，犯人のネクタイをつかむことは有効な方法である」（②について。堀籠裁判官の反対意見）と具体的に説明，指摘されている内容は十分説得的といえよう。これらの説得的な指摘に対し，多数意見は具体的な反論をせず，単に①，②が不自然である旨の結論的判断を述べているにすぎない。

　③については，最高裁判所判例解説（文献4）は，本判決はこのような事態になることは「特段の事情がない限りは，通常は考え難いとしたものであろう」とし，Aは「乗客の乗降のためプラットホームに押し出され，他のドアから乗車することも考えたが，犯人の姿を見失ったので，迷っているうちに，ドアが閉まりそうになったため，再び同じドアから電車に入ったところ，たまたま同じ位置のところに押し戻された旨説明しているが，本判決は，このような説明は不自然とみたものと思われる」としている（文献4・135頁〔家令和典執筆部分〕）。上記説明を自然なものと見るか不自然と見るかは，説明されているような事態，特に「たまたま同じ位置のところに押し戻された」という点について「よほど運が悪かったのだな」と同情的に見るか，

第 4 章　司法における経験則とジェンダー・バイアス

「そんな話は出来過ぎではないか」と猜疑的に見るかによって分かれるのだろう。

　上記事態について同情的な見方と猜疑的な見方があり得ることは，多くの人が容易に思いつくのではないかと思う。猜疑的に見るなら被害者の説明は不自然であるという判断に傾きやすく，同情的に見るならその説明は不自然ではないという判断に傾きやすいと思われるが，最高裁の裁判官たちがどちらの見方をしているかを詮索する意味はない。多数意見と反対意見のどちらが説得的であるかが問題である。この点，堀籠裁判官の反対意見は「一度下車しており，加えて犯人の姿が見えなくなったというのであるから，乗車し直せば犯人との位置が離れるであろうと考えることは自然であり，同じドアから再び乗車したことをもって不自然ということはできない」とし，同じ位置に戻ったのは，Ａの「意思によるものではなく，押し込まれた結果にすぎない」と具体的かつ説得的に説明しているのに対し，多数意見は単に③が不自然である旨の結論的判断を述べているにすぎない。那須裁判官の補足意見は，Ａの供述の信用性についての疑いが「論理的に筋の通った明確な言葉によって表示され，事実によって裏づけられたものでもある」と述べるが，法廷意見も那須裁判官，近藤裁判官の各補足意見も，その結論的判断（評価）の正しさを裏づける事実は何も指摘していない。

　以上のとおり，法廷意見は①ないし③が不自然であるとの結論的判断を述べるのみで，那須裁判官，近藤裁判官の各補足意見を参照しても，①ないし③がなぜ不自然と評価されるのかの具体的説明は見出せない。これに対し堀籠裁判官の反対意見は①ないし③が不自然でないことを具体的かつ説得的に説明し，田原裁判官の反対意見も簡潔ながら同旨の説明をしている。

　以上検討したことからすれば，①ないし③の内容が不自然であるとの多数意見の判断は，根拠の乏しいものというべきである。

　なお，③について，朝のラッシュアワーのホームで「学校に遅れないようにと思っている何十秒かの間に，とっさに違うドアに向かうことを思いつかないかもしれないし，また隣のドアから車両に運よく乗り込める保証もない」として「朝のラッシュアワーに満員電車に乗る必要のない最高裁判事の

111

第2編　性暴力被害と刑事裁判

『経験則』による判断だろう」と批判する指摘（文献1・130頁〔井上摩耶子執筆部分〕）は，「再び被告人のそばに乗車した」ことではなく「車両を替えなかった」ことを不自然とすることに対する批判と思われるが，やや筋違いの印象がある。裁判所の事実認定によれば，被害者は，駅のホーム上に押し出された後「被告人がまだいたらドアを替えようと思った」旨供述している。この供述からは，被害者が違うドアに向かうことを考えていたことや，そう考える前提として，ホーム上を違うドアまで移動することが可能であると考えていたことが認定できると思われるのである。

(b)　被害者の供述の信用性について検討する態度

(i)　法廷意見

法廷意見は，公訴事実を裏付ける証拠としてはAの供述があるのみで，物的証拠等の客観的証拠は存在しないことと，被告人に性犯罪を行うような性向をうかがわせる事情が見当たらない（被告人が当時60歳という年齢だったことと，前科前歴がないことを特に挙げている。）ことから，Aの供述の信用性判断は特に慎重に行う必要があるとしている。

客観的証拠がなく，被害者の供述が犯罪事実立証の柱となっている場合に，被害者の供述の信用性判断を特に慎重に行うべきことは，性犯罪に限らずいかなる犯罪についても当然のことである。客観的証拠があれば，被害者の供述（その他の参考人や被告人の供述についても）と客観的証拠との整合性を検討することが供述の信用性を判断するのに効果的であるし，犯罪事実のうち重要な点について客観的証拠があれば，その客観的証拠を犯罪事実認定の柱とすることもできるから，被害者の供述の信用性判断を誤ることによる誤判の危険は比較的小さいといえる。しかし，そのような客観的な証拠がない場合，被害者が被害を受けたと認識した根拠やその時の心理状態などにも及ぶ，幅広い観点からの反対尋問や裁判官の補充尋問によるチェックによってその信用性を判断することになる。尋問者の熟練も当然必要であるし，尋問者が被害実態等について誤った認識にとらわれている場合には，事実から遊離した前提で尋問が行われるので，供述の信用性が正しく判断されない危険は大きい。そこで，客観的証拠がなく，被害者の供述が犯罪事実立証の柱となっ

第４章　司法における経験則とジェンダー・バイアス

ている場合には，性犯罪の場合であろうとそれ以外の犯罪の場合であろうと，その供述の信用性判断は特に慎重に行う必要があるのであり，法廷意見が前記のように指摘したことは，当然のことを述べたにすぎない。最高裁判所調査官による解説でも，この指摘が「事例判断の一環として述べられたものであり，何らかの法理を判示したものではなく，満員電車内の痴漢事件において，被告人と被害者とされる者との供述が対立している場合に，被害者とされる者の供述に補強証拠を要するとしたものではない」と説明されている（文献４・134頁〔家令執筆部分〕）。

(ii) 那須裁判官の補足意見

このように，被害者の供述の信用性を検討する態度について，法廷意見は当然のことを述べているにすぎないが，那須裁判官の補足意見では，「普通の能力を有する者（例えば十代後半の女性等）がその気になれば，その内容が真実である場合と，虚偽，錯覚ないし誇張等を含む場合であるとにかかわらず，法廷において『具体的で詳細』な体裁を具えた供述をすることはさほど困難でもない」反面，「弁護人が反対尋問で供述の矛盾を突き虚偽を暴き出すことも，裁判官が『詳細かつ具体的』，『迫真的』あるいは『不自然・不合理な点がない』などという一般的・抽象的な指標を用いて供述の中から虚偽，錯覚ないし誇張の存否を嗅ぎ分けることも，けっして容易なことではない」として「慎重な検討が必要である」と述べて，Aの供述は「その信用性において一定の疑いを生じる余地を残したものである」とし，「疑わしきは被告人の利益に」の原則の適用として無罪の判断をすべきとしている。

本件の事案においては，Aは，被害申告を決意してから状況確認の必要を感じ，Aの「スカートのすそが持ち上がっている部分に腕が入っており，ひじ，肩，顔と順番に見ていき，被告人の左手で触られていることが分かった」旨述べている。被害申告を意識して注意深く観察したとの趣旨だから，被害事実がなかったにもかかわらずあったと錯覚しているとは考え難い。そうすると，那須裁判官は本件において，被害申告をする女性が故意に虚偽ないし誇張（「等」の具体的内容は不明である。）を含む供述をする場合を懸念していることになる。

第2編　性暴力被害と刑事裁判

　被害者がその気になれば簡単に虚偽や誇張を含む内容を，虚偽や誇張であると暴かれることなく供述することが容易であるという見解を支持するのであれば，「被害について正しい認識を有している裁判官であれば，有効な補充尋問は可能であろう。（中略）弁護人は，有効な反対尋問を工夫するべきであるが，嘘をつかれたら有効な反対尋問ができないというのは，被害が実際にはどのようなものであるかを正しく知らないからであろう。裁判官についても同様である」（文献5・28頁）という指摘に対して有効な反論をする必要があろう。上記見解は，実際には尋問者の知識不足や認識不足のために有効な尋問が困難となる場合があるに過ぎないのに，「本件のような類型の痴漢犯罪被害者の公判における供述には，元々，事実誤認を生じさせる要素が少なからず潜んでいる」（那須裁判官の補足意見）というふうに供述の属性の問題にすり替えているように思われる。

　また，上記補足意見は，被害者が虚偽や誇張を含む供述をする危険を過大に評価しているのではないかとの疑問もある。ここで，この疑問に関連するデータを紹介しておく。

　1970年代前半の時期に米国のニューヨーク市で，性犯罪分析特別班を設置し，女性の警察官を被害者の面接に当たらせたところ，同市における強姦罪の虚偽告発率は2％であり，この数字はその他の暴力犯罪における虚偽告発率と一致したという（文献6・314頁）。調査の対象となった期間と地域は限定的であるが，強姦罪の被害者が虚偽や誇張を含む供述をする危険について他の犯罪の場合よりも過敏になることは，かえって誤判を招く危険をはらむことになるであろう。

　強姦については虚偽の告訴が頻繁になされる危険が（他の犯罪の場合よりも大きく）あるという観念は「強姦神話」の典型の一つとされている（たとえば文献7・42頁）。強姦以外の性犯罪についても同様のことがいえる。冒頭で述べたとおり「強姦神話」はジェンダー・バイアスに基づく考えの典型例であり，那須裁判官の補足意見は，ジェンダー・バイアスにとらわれたものである疑いがある。

　なお，那須裁判官の補足意見には，満員電車内の痴漢事件については被害

第4章　司法における経験則とジェンダー・バイアス

者の「供述を補強する証拠ないし間接事実の存否に特別な注意を払う必要がある。その上で、補強する証拠等が存在しないにもかかわらず裁判官が有罪の判断に踏み切るについては、『合理的な疑いを超えた証明』の視点から問題がないかどうか、格別に厳しい点検を欠かせない」とする部分があるが、これとても、「供述を補強する証拠ないし間接事実が不可欠」としているわけではなく、「格別に厳しい点検」を要するとしているにとどまる。客観的証拠がなく、被害者の供述が犯罪事実立証の柱となっている場合に、被害者の供述の信用性判断を特に慎重に行うべきであるという当然の内容を、法廷意見よりも幾分強い表現で述べたという趣旨に理解すべきであろう。

(iii) 証人尋問の意義

強姦罪等の性犯罪の被害者が虚偽や誇張を含む供述をする虚偽告訴の危険については、洋の東西を問わず古くから研究されており、虚偽告訴の原因としては、不倫や別の相手との性交渉の事実を隠そうとしたり、自分の体面を保とうとしたり、あるいは復讐の目的、情緒不安定等が挙げられる（その研究結果は虚偽告発や偽証についても当てはまる。）ところである（文献8・233頁〔遠藤邦彦執筆部分〕など）。女性が電車内での虚偽の痴漢被害を申告する動機としては、示談金の喝取目的、相手方から車内での言動を注意された等のトラブルの腹癒せ、痴漢被害に遭う人物であるとの自己顕示、加害者を作り出し、その困惑を喜ぶ愉快犯等も指摘される（田原裁判官の反対意見）。また、被害者にとって権威のある者（親、夫等）が被告人に対し強い悪感情を抱いているような場合に、その意向の影響を被害者が受けているということもあり得るだろう。

性犯罪の被害者が虚偽や誇張を含む供述をしているかどうかは、虚偽告訴の原因として挙げられているような上記各事情があるかどうかを手掛かりにチェックすることが有効である。供述の信用性を検討する際に虚偽供述の動機となるような事情があるかどうかを検討することは、法律実務家として当然のことといえる。本件においても、弁護人は虚偽供述の動機に言及した。もっとも、弁護人は、Aが「学校に遅刻しそうになったことから」被害申告をした旨主張したにとどまる。田原裁判官が反対意見で述べるとおり、この

115

主張に合理性がないことは明らかである。本件は，虚偽供述の動機について弁護人ですらこの程度の苦し紛れの主張しかできなかった事案であり，Aに対する証人尋問を経てもAに虚偽供述の動機があることは何らうかがわれない。それにもかかわらず，つまり証人(A)の偽証をうかがわせる事情が具体的には何もないにもかかわらず，法廷意見はAの供述が虚偽である可能性があるとした。しかも，法廷意見はAの供述の不自然な点として①ないし③の程度のことしか指摘できなかったのである（①ないし③が不自然であるという評価についても，前記のとおり重大な異論がある。）。

　これでは何のためにAを証人として尋問したのかわからない。堀籠裁判官が指摘するように，Aは「長時間にわたり尋問を受け，弁護人の厳しい反対尋問にも耐え」たのである。供述に対する最も有効適切なチェック方法は当事者の反対尋問であるといわれる（文献9・395頁，文献10・368頁）。私が裁判官だった当時の経験を紹介すると，合議事件の証人尋問を終えて裁判官3人が裁判官室に戻ったときに，裁判官の1人が「今の証人の話は説得力がありましたね」と言い，他の1人が「反対尋問にも動揺していませんでしたね」と応じるという場面は何度もあった。事実審の裁判官にとって，供述が反対尋問のチェックに耐えたかどうかは，その供述の信用性を判断する際の極めて重要なメルクマールなのである。

　反対尋問や補充尋問で虚偽を暴き出すことが困難である（そのように考えて良いかどうかも，前記のとおり疑問があるが）からといって，反対尋問や補充尋問のチェックに耐えた供述を尊重しないというのでは，裁判における証人尋問の意義を軽んじることにもなる。証人尋問を担当した裁判官の立場からすれば，反対尋問のチェックを受けて崩れなかった（しかもその裁判官による補充尋問にも耐えた）供述は信用できるものとして尊重せざるを得ない。これは，事実審を担当する裁判官の一般的な考え方といって良いであろう。

　(iv)　有罪判決を困難にする事情

　上に検討したように，Aの供述は尊重に値すると考える。しかしそれでも，本件で有罪判決をすることは容易でなかったとはいえる。その理由は2つある。1つは，Aの供述を支える客観的事実が乏しいこと，もう1つは，被告

第4章 司法における経験則とジェンダー・バイアス

人の供述の信用性も相当程度認められるといえることである。

　まず1つ目の点について，Aの供述を元に被害状況を再現した実況見分調書があること，控訴審においてこの再現結果とは異なる再現結果を示す証拠（DVD）が弁護人から提出されたが，弁護人から示された再現結果は恣意的であるとして排斥されていることを挙げて法廷意見を批判する指摘がある。「被害者供述を客観的証拠とは異なる主観的なものと位置づけ，それゆえに被害者供述だけで有罪とすることについての慎重論」を説く法廷意見は，被害者供述が客観的な検証を経たと評価できる本件に即した判断とはいえないというのである（文献1・47頁〔宮地光子執筆部分〕）。

　たしかに，本判決は，法廷意見や補足意見はもとより，反対意見においても，上記再現実況見分調書の存在に言及していない。つまり，上記実況見分調書を証拠として重視していない。その理由を想像するに，ニュースソースの同一性ということだと思われる。

　被害者の供述を元に被害状況を再現した実況見分調書は，被害者や加害者の行動等について被害者が認識した内容を，被害者役や加害者役を務める警察官等の動作で再現し（被害者に見立てた人形を用いることも多い），その過程を記録したものである。つまり，被害者が「このように被害を受けた」等と上記警察官等に告げ（指示し），その指示のとおりに警察官等が動作するのであるから，この実況見分調書は，実質的には，警察官等の動作という手段を用いた被害者の供述を録取していると考えることができる。

　たとえば，被害者が警察官による事情聴取と検察官による事情聴取において同趣旨の供述をしたとする。この場合，被害者の供述は，一貫性があるという点では信用性を認める要素があるとはいえるが，2つの供述が互いに裏付けになっているわけではない。被害者が記憶のとおりに話している場合であろうと虚偽や誇張を交えている場合であろうと，同一の人が話している（同一のニュースソースから出ている）以上，同趣旨の内容となるのは通常の事態といえる。被害者の供述が，これと同旨の他人の供述によって裏付けられるというのとは異なるのである。同じように，上記実況見分調書は，他の機会におけるAの供述と一貫している上，Aが供述しているような被害（加

117

害者の犯行）が物理的に可能であることを示し，合理性があるという点でＡの供述の信用性を認める要素があるとはいえるが，Ａ以外の者を源とする証拠によって裏付けられているわけではないのである。

　もっとも，上記実況見分調書は，Ａが供述しているような被害（加害者の犯行）が物理的に可能であることを示すという点では客観的証拠であるといえる。しかし，被告人にそのような犯行が可能だったということ自体は，被告人が実際にそのような犯行をしたということを裏付けるものではない（アリバイがないということが犯行を裏付けるものではないのと同様である。）。その証拠があることによって，犯行が物理的に不可能であるとの理由で犯罪事実不存在の結論を導くことができなくなる（被告人の弁解の余地を狭めることになる。）というにとどまるのであって，他の理由で犯罪事実不存在の結論を導くことは何ら妨げられないのである。

　以上の次第で，法廷意見が本件を「公訴事実を裏付ける証拠としては被害者の供述があるのみで」ある事案ととらえたことは誤りとはいえないと考える。

　次に２つ目の点，つまり被告人の供述の信用性も相当程度認められるといえることについて説明する。

　本件最高裁判決によれば，被告人は，Ａにネクタイをつかまれて車両を降りてホームに出た後，駅長が被告人に駅長室への同行を求めたのに対し，「おれは関係ないんだ，急いでいるんだ」などと怒気を含んだ声で言い，駅長の制止を振り切って，車両に乗り込んだが，やがて，駅長の説得に応じて下車し，駅長室に同行した旨認定されている。この認定事実に対応する被告人の供述内容及び供述態度について，堀籠裁判官が反対意見で言及している。それによれば，④被告人は検察官の取調べに対し，電車に戻ろうとしたことはないと供述しておきながら，同じ日の取調べ中に，急に思い出したなどと言って，電車に戻ろうとしたことを認めるに至っているという。また，⑤被告人は，電車内の自分の近くにいた人については，よく記憶し，具体的に供述しているが，Ａのことについては，ほとんど記憶がないと供述しているという。

第4章　司法における経験則とジェンダー・バイアス

　堀籠裁判官は④，⑤の点が不自然であると述べ，④については，「プラットホームの状況についてビデオ録画がされていることから，被告人が自己の供述に反する客観的証拠の存在を察知して供述を変遷させたものと考えられる」としている。
　思うに，仮に④の点を不審と考えるとしても，これを重視することはできないだろう。犯行が行われたとされる時・場所ではなく，犯行現場とは異なる場面での出来事に関することであるから，付随的な事項についての不審事由にすぎない。また，痴漢の犯人だとの嫌疑をかけられている状況で，たとえやましいことがなくとも，不利と思われそうな事実（電車に戻ろうとしたこと）を隠そうとすることも人情として理解できなくはない。
　他方，⑤の点については，誰しも満員電車の中で周囲に均等に注意を払っているわけではないから，近くにいる各人に関する記憶に濃淡の差が生ずるのは無理からぬことではある。しかし，その濃淡の差の生じ方が不自然であると評価される場合もある。なお，⑤の点は，犯行が行われたとされる場面を含む時・場所での状況についての供述であるから，付随的な事項ではなく根幹的な事項に関するものであるといえる。
　被告人の近くにいる各人に関する記憶に濃淡の差が生じた理由を合理的に説明できれば問題ないが，堀籠裁判官は，合理的説明がないと評価しているのであろう。しかし，法廷意見や那須裁判官の補足意見は，被告人の供述に不審な点があるかどうかということには言及していない。近藤裁判官の補足意見には，Aの供述と被告人の供述「それぞれに疑いが残り」とあり，被告人の供述にも不審な点があるとの認識が見られるが，どの点をどう不審と考えているのかはわからない。具体的に書いていないということは，さほど重大な不審点があるとは考えていないのであろう。また，田原裁判官の反対意見では，被告人の供述の信用性を検討する方法の問題点として，本件では被告人の人物像や被告人が当時置かれていた社会的な状況等の解明が不十分であること，被疑者ノートが証拠として申請すらされていないことなどが指摘されているが，被告人の供述に具体的な不審点があることの指摘はない。
　以上見てきたことからすれば，被告人の供述には，⑤電車内で周囲にいた

119

各人に関する記憶に濃淡があることを重大な不審点と考える余地があったものの，最高裁での審理においてその点を重く考えた裁判官は5名中1名のみであったことを見ても，不審であることが明らかとまではいい難いものだったと考えられる。

このように，被告人の供述の中に不審な点として強調できるものがあるわけではなく，被告人の供述の信用性も相当程度認められるといわざるを得ない。

(v) 二次被害の問題

以上のとおり，本件の証拠関係は，Aの供述が尊重に値するといえる一方で，被告人の供述にも相当程度の信用性があり，また公訴事実を裏付ける証拠がAの供述以外にはないというものだった。前記のとおり，被害者の証人尋問を行った第1審及び控訴審の裁判官にとっては，反対尋問のチェックを受けて崩れなかった（しかもその裁判官による補充尋問にも耐えた）供述は尊重せざるを得ず，その供述に説得力があると感じていながらその供述内容に反する事実を認定するための説得的な論証をすることは困難であるから，本件において第1審及び控訴審が有罪の判断をしたのは自然なことである。

他方，最高裁の多数意見は，「疑わしきは被告人の利益に」の原則に従って被告人を無罪にした。「疑わしきは被告人の利益に」の原則は，刑事訴訟における基本的なものであり，尊重すべきものである。しかし，法廷意見が無罪の結論を導くためにAの供述の信用性に疑問があるとした点は問題がある。証人(A)の偽証をうかがわせる事情が具体的には何もないにもかかわらずAの供述が虚偽である可能性があるとしたことは，ジェンダー・バイアスにとらわれていると疑わざるを得ない。加えて，被害者に二次被害をもたらすという点でも問題である。

被害者の供述の信用性に疑問があるとすることは，理論的には，検察官の立証が不十分であるということにつながるものであり，被害者を非難するものではない。しかし，被害者自身や一般市民の感覚としては，被害者に対する批判的な意味合いを含むものとして受け取られることは否定しがたい。まして，本件のAのように，スカートの下に入っている腕が被告人のものであ

第4章　司法における経験則とジェンダー・バイアス

ることを確認したなどと被害態様を具体的に述べている場合には，被害者の供述が信用できないということは，（被害者の勘違いではなく）被害者が意図的に虚偽を述べているという印象につながる。裁判所は，このような被害者や一般市民への影響にも配慮して，理由づけの選択や表現方法にも気を配ることが望まれよう。

　多数意見の裁判官も，二次被害の点を少しは考慮しているのかもしれない。近藤裁判官の補足意見に，被害を申し立てた女性の「供述が真実に反するもので被告人は本件犯行を行っていないと断定できるわけではなく，ことの真偽は不明だということである」と，法律家にとっては言うまでもないことがわざわざ述べられていることは，「裁判所は被害を申し立てた女性が嘘をついていると判断したのではない」という，Aや一般市民に対するメッセージのようにも思われる（なお，那須裁判官の補足意見にも，「被告人が犯罪を犯していないとまでは断定できない」という表現は用いられている。）。しかし，そのような微温的な配慮にとどめるのではなく，Aの供述の信用性を認めつつ「疑わしきは被告人の利益に」の原則に従って無罪判決をすることができたのではないかと思われる。

　この点についてまず確認すべきことは，真偽不明なら被告人に有利に判断されるということである。極端な話，被害者の供述も被告人の供述もともに一分の隙もなく完璧であれば，被告人に有利な判断がされるのである。実際にはどちらかの供述に，故意または過誤による誤りが含まれているのであろうが，神ならぬ人である裁判官が審理するのだから，対立する両供述がともに十分合理的であるように見えることはあり得る。

　次に確認すべきことは，証人尋問を行う裁判官は，証人の供述の内容のみでなく，証人が供述する態度（表情，声の抑揚等）からの印象も参考にしながら供述の信用性を判断するということである。証人の供述が反対尋問や補充尋問で崩れなかった場合，尋問の場に臨んだ裁判官は，供述の内容そのものに加えて，供述態度からも説得力を感じている。他方，尋問の場に臨まず，書面（証人尋問調書）を読んで判断する立場の裁判官は，尋問調書の記載には表れない供述態度（表情，声の抑揚等）を考慮することはできない。そう

すると，尋問の場に臨まない裁判官は，供述態度の印象の影響を直接受けず，書面の記載からうがかわれる限度で間接的に影響を受けるに過ぎないので，尋問の場に臨む裁判官ほどには強い説得力を感じないということはあり得る。

このように考えてくると，証人尋問における被害者の供述について，尋問の場に臨んだ下級審の裁判官は強い説得力を感じ，尋問の場に臨まなかった上級審の裁判官はそこまでの強い説得力は感じない（しかし取り立てて不審な点も見当たらない）ということがあり得るのであり，被告人側立証との兼ね合いで，検察官が公訴事実を合理的な疑いを容れない程度に立証できたかどうかについての判断が，証人尋問の場に臨んだ裁判官とその場に臨まなかった裁判官とで異なることもあり得るということになる。

このように，被害者の供述の信用性を認めつつ「疑わしきは被告人の利益に」の原則に従って無罪判決をすることは可能であり，本件でもAの供述の無理なあら探しをしなくとも，無罪判決をすることはできたろうと考えるのである。

(vi) 小　　結

(a)で説明したとおり，法廷意見がAの①ないし③の行動を不自然と評価したことは根拠の乏しいものであり，実は性暴力の被害者の行動として合理的に説明がつくものである。法廷意見は，性暴力の被害者が抵抗や避難以外の行動を取る可能性があることは認めつつ，その可能性を実際よりも過小に評価しており，この過小評価は，性暴力被害にあう女性の実情についての認識不足から来る思い込みによるもの，つまり女性の視点でなく自己の社会的性（ジェンダー）である男性の視点に偏った見方（ジェンダー・バイアス）によるものであると考えられる。

また，那須裁判官の補足意見が虚偽告訴の危険を過大に考えている点でジェンダー・バイアスにとらわれていると疑われることは既に指摘したが，法廷意見もまた，証人(A)の偽証をうかがわせる事情が具体的には何もないにもかかわらずAの供述が虚偽である可能性があるとしており，虚偽告訴の危険を過大に考えるジェンダー・バイアスにとらわれている疑いがある。

第4章　司法における経験則とジェンダー・バイアス

(2) 千葉事件最判
(a) 事実の評価

Bの供述の不自然な点として，法廷意見は，

⑥人通りもあり，近くに交番もあり，駐車場の係員もいるなどの状況を分かっていながら，叫んだり助けを呼んだりしなかったこと

⑦物理的に拘束されていたわけでもないのに，逃げ出すこともなく，脅迫等を受けて言われるがままに被告人の後ろを歩いてついて行ったこと

⑧強姦される直前に，すぐ近くを通った制服姿の警備員に対し，声を出して積極的に助けを求めることをしなかったこと

などを挙げているが，古田裁判官が指摘するとおり（1(4)で引用した。），これらは何ら不自然ではない。

(b) 注目する事実の相違　〜　最高裁判決と下級審判決
(ⅰ) 最高裁判決を読んで

千葉事件の最高裁判決が出た数日後，最高裁のホームページで判決文を一読した際の私の感想は，「⑥ないし⑧を不自然と考えるなど，ジェンダー・バイアスの影響を受けた内容が書かれた判決だ。しかし，結論としては無罪の判断はおそらく正当だろう」というものだった。

そのように考えた理由は，第1に被告人のこれまでの行動が本件についての被告人の弁解内容とつじつまが合っていること，第2に被告人の精液がBの衣服に付着した状況が被告人の弁解内容とつじつまが合っているのに対し，Bが述べる被害状況とつじつまが合うかどうか不明だったことである。

まず第1の点について，法廷意見の記載によれば，被告人は，本件の際の行動について，3万円の現金をチラシにはさんでBに見せながら，報酬の支払を条件にその同意を得て，本件現場にBと一緒に行き，手淫をしてもらって射精をしたなどと供述しているが，その供述内容は，被告人が別の機会に別の女性に対し平成20年6月に実際に行ったのと同様の行動であるという。また，被告人は日頃からそのような行為にしばしば及んでいた旨供述しており，被告人の携帯電話中に保存されていた写真の中には，そうした機会に撮

123

影されたと見られるものが相当数あるという。

　上記のような行動傾向や実体験の積み重ねがある被告人にとっては，言葉巧みに虚言を用いて女性を誘い込む方法が容易であり，かつ検挙されるリスクも小さく安全である。それに対して，粗暴な威圧的言動を用いて女性についてこさせるという方法は，女性が通行人等に対して助けを求めるなどの行動に出るというリスクが大きいものである。特段の事情がない限り，被告人がリスクの大きい後者の手口を用いたと考えることは難しい。本件では，特段の事情は何ら証明されていない。（須藤正彦裁判官の補足意見同旨）

　第2の点について，Bが当時着ていたコートの右袖外側の袖口部分に被告人の精液が付着していた。被告人の言い分によると，Bが手で被告人のペニスを刺激して射精させてくれたというのだから，被告人が射精した際に，ペニスのすぐ近くにあるBのコートの袖口に精液が付着することは自然なことである。

　他方，Bの供述によれば，右脚を犯人の左手で持ち上げられた不安定な体勢で，立ったまま姦淫されたというのであるが，Bが，犯人が射精したときの状況や精液が付着したときの状況についてどのように述べているかは，最高裁判決からは不明である。たとえば，Bが挿入を阻止しようとして右手で防御していたとすると，右袖に精液が付着する状況を想像することはできるが，Bがそのような説明をしているかどうかは不明である。また，犯人の左手で右脚を持ち上げられている状況では，Bの右手の動きは，犯人の身体が邪魔になるなどしてかなり不自由であるはずであり，そのような防御行動ができるかどうかも疑問である。さらに具体的にいうと，犯人とBの身体が密着した状態で，2人の身体の間にBの右手をねじ込むことは難しいだろう。また，Bが右手を下腹部の辺りに伸ばして犯人による挿入を防ごうとすれば，犯人にとっては邪魔なBの手は，犯人によって払いのけられてしまいそうである。

　このようなことから，結論としては無罪の判断は「おそらく」正当だろうという印象を持っていた。「おそらく」という曖昧な表現にとどまるのは，犯人が射精したときの状況や精液が付着したときの状況について，Bの説明

第4章　司法における経験則とジェンダー・バイアス

内容が不明だったためである。

(ii)　下級審判決を読んで

それから2年半余り経って，日本弁護士連合会主催のシンポジウム「司法におけるジェンダー・バイアス〜性暴力被害の実態と刑事裁判の在り方〜」にパネリストとして招かれることになった。他のパネリスト等関係者の方々とシンポジウムの準備をする中で，千葉事件の下級審（第1審及び控訴審）の判決に目を通す機会があった。下級審判決を読んだところ，事件に対する私の印象は大きく変わった。

まず第2の点について，下級審（第1審及び控訴審）の判決には，犯人が射精したときの状況や精液が付着したときの状況についてのBの説明内容が記載されていた。それによれば，犯人のペニスをBの陰部に挿入した後，一瞬腰と腰が離れ，精液がBの右手にかかったので，犯人が膣外に射精したことが分かり，Bが着ていたコートの右袖にも精液が付着していたということである。この説明であれば，射精直前に両者の身体が離れたときにBが右手を陰部付近に下ろしたことが想定でき，被告人の精液がBの衣服に付着した状況も，Bが述べる被害状況とつじつまが合うことになる。

第1の点について，控訴審判決によれば，被告人は，本件の手淫行為等の様子を携帯電話機で撮影したがその後消去したということである。つまり，本件の審理を担当した裁判官は，被告人が本件の手淫行為等の様子を携帯電話機で撮影したかどうかを確認できていない。同判決によれば，消去した理由について被告人は，本件の約1年半後である平成20年6月28日に，「東京都足立区所在の竹ノ塚駅東口付近で出会った女性に対し，報酬の支払を条件に，ビルの階段の途中で，乳房を露出しながら，自ら手淫行為をする様子を見，手のひらに射精させてくれるように依頼し，同女の手のひらに射精したのに，報酬を支払わずにその場から逃走したことについて，同女から警察官に被害申告をされた」（以下，「竹ノ塚事件」という。）ことがあり，その際に警察官に，携帯電話機で撮影してあった写真を全部見られたので，怖くなったから「すべて」消去した旨述べているという。最高裁判決は，写真の消去の点に関する被告人の供述が信用できるかどうかを検討していない。

125

第2編　性暴力被害と刑事裁判

　消去した「すべて」の写真というのが，千葉事件のときの写真全部という意味なのか，他の機会のときの写真も含めて全部という意味なのか不明瞭だが，千葉事件最判の判決理由中で，「被告人の携帯電話中に保存されていた写真の中には」竹ノ塚事件のような「機会に撮影されたと見られるものが相当数存する」と明記されていることからすると，それらの写真はプリントアウトして捜査報告書に添付するなどの方法で証拠化されたと思われる。そうだとすると，少なくとも被告人が千葉事件に関する捜査の対象となった時点では，竹ノ塚事件のような「機会に撮影されたと見られる」写真は残っていたのであろう。それらの写真が残っていて千葉事件の時の写真が消去されたとすると，消去した理由は不審である。千葉事件の時の写真が竹ノ塚事件のような「機会に撮影されたと見られる」写真と同様のものであったなら，「怖くなった」から消去したという説明が合理的とは思われない。強姦の状況が映っていたのなら，「怖くなった」のは当然といえるが，強姦の状況が映った写真を警察官に見られたとしたらそのまま事件化されずに済むというのは不自然なので，もともと千葉事件の時の様子は撮影されていなかったのかもしれない。いずれにしても，千葉事件の時の様子の写真に関しては，被告人の供述には虚偽が含まれている可能性があるというべきである。

　このように，Bの供述には特に不自然な点がないのに対し，被告人の供述には重要な点で虚偽が含まれている可能性がある。しかも，本件は小田急事件と異なり，Bの供述を裏付ける客観的事実がある。Bは，本件被害の際にパンティストッキングが破れたので近くのコンビニエンスストアでパンティストッキングを購入し履き替えた旨供述し，この供述は付近のコンビニエンスストアの販売記録（パンティストッキングとペットボトル入り飲料が一緒に販売されたことを示す）という客観的証拠と，Bが泣き顔で勤務先飲食店に戻って来た際にコンビニエンスストアの購入品を入れるビニール袋と思われる物を持っていたという客観的事実を目撃した旨の目撃者の供述により裏付けられている。Bのパンティストッキングが破れたという，強姦行為の手段である暴行から生ずる事実に関して，Bの供述を裏付ける証拠があるのである。

　千葉事件最判の法廷意見は，パンティストッキングとペットボトル入り飲

第4章 司法における経験則とジェンダー・バイアス

料の購入に関するBの供述について,「当初は,コンビニエンスストアで新たにパンティストッキングのみを購入したとしていたのを,その後,コンビニエンスストアでのレジの記録からこれに符合する購入が認められないとなると,第1審では何かを一緒に購入したかもしれないとして,レジの記録に沿うよう供述を変化させ,原審では飲物を買ったような記憶があるとしており,供述内容に変遷が見られる」ことを,姦淫行為に関する一連のBの供述を不自然と評価する根拠の一つに挙げている。しかし,「強い精神的ショックを受けた場合,強く意識したものでない行動などについて記憶が欠落していることはしばしば見受けられ,そのような場合,他の証拠から,明確な記憶はないものの実際はそのようなことがあったのかもしれないと考えるようになることは自然なことであ」り,Bにとって「パンティストッキングを購入したことは破れたストッキングを取り替えるという明確な意識を持った行動で記憶に残るものであるが,その際飲み物を買うことは平静さを取り戻そうとする半ば反射的な行動であった可能性が多分にあり,それについて記憶が欠落することは十分に考えられる」(古田裁判官の反対意見)のである。

このようなことから,下級審判決を読んだ後は,私の心証は有罪方向に傾いた。

(iii) その後の心証の変化

さらにシンポジウムの準備を進める過程で,本件当時Bが所持していたバッグに関して後藤弘子氏(千葉大学法科大学院教授)の重要な指摘を目にした。

まず,関連する事実を説明しておく。本件ではBが所持していたバッグ(Bの供述によれば,Bは右肘にバッグを挟んで持っている状態で姦淫されたという。)に被告人の精液が付着していたのだが,最高裁判決の法廷意見はこのバッグのことには一切触れていない。個別意見の中では,千葉裁判官の補足意見に「バッグやコートの右袖口等にまで精液を掛けられ」との記載があるが,コートの右袖口部分に精液が付着したことについてはそれが自然であるかどうかなど検討しているのに対し,バッグに精液が付着したことについては取り立てて検討していないので,千葉裁判官はバッグに精液が付着したこ

とを重要なことと考えたわけではないようである。

　後藤氏は，バッグに精液が付着した点について，「誘われて対価として手淫をする場合，目指すことは最小の努力で最大の効果を得ることであり，この場合であれば，早く金銭を得るために，一所懸命手淫をし，早く射精をしてもらうという努力を最大限行う。その際，なるべく衣服や持ち物に精液がつかないための努力を行う。（中略）右手で手淫をしているときに右手にかばんを抱えたままであるという状況は想像しにくい。もし，お金のために手淫をしたのであれば，12月末で寒いこともあり，早く終わらせたいと通常は考える。その場合，手淫に集中するために邪魔になるかばんは，左に掛けるか，下に置くのがもっとも合理的な方法である」と指摘している（文献1・110頁〔後藤弘子執筆部分〕）。

　実は，控訴審判決は，「バッグが邪魔になることを考えれば，そもそも右肘部分にバッグをぶら下げたまま，右手で手淫行為を行うということ自体，不自然といわざるを得ない」と指摘している。私は最初控訴審判決を読んだときには，この指摘について，「確かに動きづらいな」とは思ったものの，人は常に最も合理的な行動をするとは限らないので，重大な不審点であるとまでは考えなかった。後藤氏が，その状況に置かれた女性の心理等に言及しながら具体的に説明されるのを目にして初めて，事の重大さに気づいた。Ｂのバッグに被告人の精液が付着していたという事実は，合意による手淫であるという被告人の供述の信用性を低下させる重要な事実というべきである。

　そのように考えて，私の心証は有罪方向にさらに傾いた。

(iv)　小　　結

　当然ながら，判決においては，問題となっている事件に関する全ての事実が記載されるわけではない。大づかみにいえば，重要度に応じて事実を取捨選択する。つまり，担当裁判官が重要と考える事実は記載され，重要と考えられなかった事実は落とされやすい。

　すでに述べたとおり，千葉事件最判は，(ア)犯人が射精したときの状況や袖口に精液が付着したときの状況についてのＢの説明内容を記載せず，(イ)被告人が本件の手淫行為等の様子を携帯電話機で撮影してその後消去した旨述

ている内容の真偽を検討せず、(ウ)Bのバッグに被告人の精液が付着したことの意味を検討していない。これは、上記の3点について記載したり検討したりすることを、担当裁判官たちは重要とは考えなかったことを意味する。

上記の3点が重要であるとすると、千葉事件最判がこれらをほとんど問題視していないことは、ジェンダー・バイアスによるものである可能性がある。つまり、(ア)は被害を訴える女性の説明を軽視していることを示すようにも見え、(イ)は男性である被告人の供述を批判的に検討する態度が不足していることを示すようにも見える。また、(ウ)は女性の視点から物事を観察したり考えたりする態度が不十分であることを示すように見える。女性の視点から物事を観察したり考えたりすることができないということは、想像力の働き方が偏っている、さらにいえば物事の見方や考え方が男性的視点からのものに偏っているということではないだろうか。私自身、(ウ)の点についての後藤氏の指摘を目にして、私もまたジェンダー・バイアスから逃れているわけではないことを痛感した。

❸ ジェンダー・バイアスを克服するための手だて

ジェンダー・バイアスは物事の見方や考え方の偏り（偏見）の一種であり、この偏りのために関連する知識に誤解が生ずるのであるから、この偏りを是正し、正しい知識を得る必要がある。ジェンダー・バイアスは社会全体が克服すべきものであるが、本稿のテーマに即し、司法関係者がジェンダー・バイアスを克服するための手だてについて述べる。

(1) 一般的知識の習得（研修等）

裁判官、検察官、弁護士など各人が研鑽すべきことは当然だが、ある人がジェンダー・バイアスにとらわれていた場合、そのことに自ら気づくとは限らない。何らかのきっかけがないと、気づくのは難しいだろう。書物を読むことも研鑽にはなるが、偏見にとらわれた目を通しての読書では効果は限定的であろう。

正しい知識を持つ人の話を聞くこと、他人と意見交換することなどが気づ

第2編　性暴力被害と刑事裁判

きのきっかけとなると期待できる。その意味で、研修の機会は大切である。

裁判所での研修の状況を若干紹介しておく。

インターネットで検索したところによると、最高裁判所（司法研修所）では判事補、判事任官者及び簡易裁判所判事全員を対象とする研修や、刑事事件担当裁判官、少年事件担当裁判官を対象とした各種研究会において、講義の中で、被害者保護関連の諸制度の趣旨・内容や、被害者等への配慮の在り方について取り上げている。また、刑事実務研究会、少年実務研究会等で、専門家を招き、犯罪被害者の心理について理解を深める特別のカリキュラムを設けている。犯罪被害者等基本法（平成17年4月1日施行）19条によって国が講ずるものとされている「犯罪被害者等の心身の状況、その置かれている環境等に関する理解を深めるための訓練及び啓発」の一環と思われるが、同法施行前から、平成12年度特別研究会、平成13年度少年実務研究会など、実施例はあるという。いずれも、性暴力被害に特化したものではなく、他の犯罪のものも含めた一般的なものである。（文献11）

私自身は、「判事補、判事任官者及び簡易裁判所判事全員を対象とする研修」への参加は平成17年以前に終えてしまっており（平成14年の判事任官者に対する研修が最後）、また、平成17年以降に司法研修所での上記「各種研究会」に参加したこともないので、その研修の実態について報告できる立場にない。

高裁単位では、「犯罪被害者等の置かれた立場、状況等に関する理解を深めるための研究会」といったタイトルで開かれている。これも性暴力被害に特化したものではない。裁判官を含む裁判所職員を対象としている。高裁管内の地方裁判所から研究員として派遣される裁判官は、平成20年ころには、各庁1名だった。研究員が成果を各庁に持ち帰って同僚と情報共有することを想定した運用である。私も盛岡地裁に勤務していた当時、1度仙台高裁へ派遣されて参加した。研修の内容は講演と質疑応答であり、講演者は、精神科医師、被害者支援団体の幹部経験者などである。

最高裁（刑事局）の指導もあって地裁レベルでも、犯罪被害者等基本法19条の趣旨を踏まえて研修が行われている。盛岡地裁での裁判所職員（官職を

第4章　司法における経験則とジェンダー・バイアス

問わない。）対象の研究会（平成19年3月）では刑事部の裁判官は基本的に（出張等の差し支えがない限り）全員参加で，講師は犯罪被害者問題の専門家（臨床心理士）と交通事故被害者遺族だった。

　研修のあり方についての私見を若干述べる。

　司法研修所での研修では，最近の最高裁判決を批判するような内容を盛り込むのは難しいだろう。医師等の講演，性犯罪に関する捜査や公判審理等についての海外の実例紹介のような内容が中心になりそうに思う。

　地裁レベルで，裁判官，検察官，性暴力事件担当経験者を中心とする弁護士の三者での非公式の意見交換を活発に行うようにできれば良いと思う。公式の場（協議会等）では，そこでの発言が「約束」のように受け取られることを恐れて，本音を話しにくい。非公式の場が良い。私が勤務したある地裁では，裁判所，検察庁，弁護士会による公式の三者協議会を昼間に開いた後，夜に裁判所内の食堂で飲食しながら，実務上苦慮していること等をざっくばらんに話し合う機会を，年1回程度持っていた。現在も続いているかどうかは確認していないが，有意義なことと思う。

(2) **具体的事件における手だて**

　以前に法律雑誌で少し述べたことがあるが，公判前整理手続の活用が考えられる。「被害者の証人尋問においてどのような事項について尋問しどのくらいの尋問時間を費やす必要があるかなどを協議する前提として，強姦事件にまつわる多くの通念が偏見にすぎないことについて，その事件の証拠の具体的内容には触れず，一般論の形で議論をして法曹三者間の共通認識を形成する（その結果，偏見にとらわれた不相当な尋問の防止につながる。）よう努める」（文献12・83頁）ようなことが考えられる。公判前整理手続が行われない事件でも，「訴訟の進行に関し必要な事項について」の第1回公判期日前の打ち合わせ（刑事訴訟規則178条の10）において，上記と同様に法曹三者間の共通認識を形成するように努めることが可能である。

　事件が起訴されれば上記の手続をとることが可能だが，起訴されない事件の問題がある。前記シンポジウムの際，参加したある弁護士から「検察官が

性犯罪の起訴に消極的だ」との実情を聞いた。前記2つの最高裁判決の影響で，検察官が無罪判決を出されることを恐れた結果であるとしたら憂慮すべきことである。2つの事件で最高裁は無罪判決をしたが，いずれもその事例に限っての判断であり，しかも裁判官の意見は分かれている。判例により揺るぎない理論が確立されているような事柄とは異なる。検察官が被害者の申立内容を信じられるのであれば，無罪判決を恐れて起訴をためらうべきではない。

❹ ま と め──2つの最高裁判決の積極的意義

本稿で検討した2つの最高裁判決が検察官に対し起訴を消極的にさせるような影響を与えることは懸念される。また，小田急事件最判が出た後，この判決の影響を受けて無罪の判断をしたと思われる下級審判決（強制わいせつ被告事件）があるという報告もある（文献1・89頁以下〔養父知美執筆部分〕）。さらに，新聞報道によると，東京高裁平成27年3月6日判決は強姦致傷の事件で，被害を申告した女性の「性的行為について同意はなかった」旨の供述が不自然であるとし，第1審（東京地裁）の判決を破棄し，無罪を言い渡した（朝日新聞同月13日夕刊）。「約2週間のけが」という軽微とはいい難い傷害を伴う事案で，しかも裁判員裁判の判決を覆しての判断であり，奇異の観がある。この高裁判決の内容はよく検討したいが別の機会に譲る。

このような状況ではあるが，2つの最高裁判決には積極的な意義もあると考える。一つは，反対意見（少数意見）にとどまったとはいえ性暴力被害者の実情，被害者の心情などに深く言及する意見が述べられたことである。

裁判官が担当事件について審理・判決するに当たり，判例の動向を意識する。その際，最高裁判決の内容は当然重視するが，法廷意見だけでなく補足意見や反対意見についても吟味する。今回反対意見で述べられた内容は，法曹のみならず社会全体がジェンダー・バイアスを克服するためのエネルギーになるだろう。そして，ジェンダー・バイアスの克服に向かう法曹にとって，今回の反対意見は，性暴力被害の実情に即した事件処理を行うための道しるべになるだろう。

第 4 章　司法における経験則とジェンダー・バイアス

　もう一つの積極的意義は，1 (4)，(5)で検討したとおり，両判決とも，性暴力の被害者が抵抗や避難以外の行動を取ることがあり得るという経験則があることを，一般論のレベルでは承認していると考えられることである。つまり，「強姦神話」と呼ばれる偏見のうち，性交渉に不同意であれば激しく抵抗したはずであるとの偏見を，一般論のレベルでは両判決は否定したといえるのである。性暴力の被害者が抵抗や避難以外の行動を取ることがあり得るという経験則を認めるということは，性暴力被害者が取るであろう行動をパターン化して捉える思考態度が弱まったことを意味すると思われる。今後の議論は，具体的事件において被害者が（抵抗や避難以外の）行動をとった理由が合理的に説明できるかどうかという局面に絞られていくことになろうが，そこでの議論においても，被害者の行動の合理性について，パターンにとらわれず具体的に考察する態度が優勢になっていくと期待できると思われるのである。

【参考文献】

(1) 大阪弁護士会人権擁護委員会性暴力被害検討プロジェクトチーム編『性暴力と刑事司法』(信山社，2014)。
(2) 三井誠ほか編『刑事法辞典』(信山社，2003)。
(3) 菊井維大＝村松俊夫『全訂民事訴訟法Ⅱ』(日本評論社，1989)。
(4) 『最高裁判所判例解説刑事篇平成 21 年度』(法曹会，2013)。
(5) 角田由紀子『【小田急事件】事例分析』(「シンポジウム　司法におけるジェンダー・バイアス～性暴力被害の実態と刑事裁判の在り方～」における配布資料：日本弁護士連合会，2014)。
(6) S. ブラウンミラー著・幾島幸子訳『レイプ・踏みにじられた意思』(勁草書房，2000)。
(7) 上村貞美『性的自由と法』(成文堂，2004)。
(8) 小林充＝植村立郎編『刑事事実認定重要判決 50 選(上)〔補訂版〕』(立花書房，2007)。
(9) 白取祐司『刑事訴訟法〔第 7 版〕』(日本評論社，2012)。
(10) 田宮裕『刑事訴訟法〔新版〕』(有斐閣，1996)。
(11) http://www8.cao.go.jp/hanzai/suisin/kihon/pdf/3/1/saikou.pdf
(12) 神山千之「強姦事件の審理における被害者の供述の取扱い事実認定と訴訟指揮」刑事法ジャーナル 30 号 (2011)。

第5章
アメリカにおける性刑法の改革

齊藤豊治

❶ コモンローの強姦罪とその批判

(1) コモンローの強姦罪

　コモンローの強姦（rape）の定義は、「強制力を用い、妻以外の女性に対して、その意思に反して性交をすること」とされていた。ペニスが多少なりとも膣に強制的に挿入されることが必要とされ、被害者は女性、加害者は男性であり、男性が行う姦淫のみが対象とされた。定義から明らかなように、夫が妻に対して行う行為は免責された。この定義は、1847年にマシュー・ヘイル卿によって定式化されたものである。彼は「復讐心に燃え、嘘つきの女性」を前提に、定式化を図ったといわれる。

　強姦罪は、伝統的に男（夫であれ、父親であれ）の「財産」に対する犯罪として位置づけられていた。その基礎には、家父長制、男系中心の世襲制が岩盤として存在していた。すなわち、妻が夫以外の男と行う性交は、夫の血統の断絶をもたらす危険が大きく、世襲制を崩壊させるものとされていた。未婚の女性は、家長である父親の所有物であり、将来の婚姻に備えて、父親の管理下に置かれた。その裏面として、妻は夫の所有物であるから、夫婦間の強姦はありえないこととされ、免責された。強姦罪の刑罰は峻厳であり、死刑か終身刑が科された。

　強姦罪の成立には、被害者女性が実際に真剣に（truly）抵抗をしたにもかかわらず、圧倒されたことが必要とされた。言い換えれば、女性は強姦に対して最大限の抵抗をすることが義務づけられていた。現実の抵抗が必要であるという要件は、抵抗要件と呼ばれている。裁判で被告人側は、被害者女性

の「同意への内心傾向」(tendency to consent)を立証するために，女性の性遍歴，被告人との出会いおよび第三者の証言を用いることが認められていた。伝統的な強姦罪の規定においては，「身持ちの悪い」女性に対して強姦は成立せず，男性がこのような女性と強制的な性交を行っても，多くの場合に責任を免れた。また，「復讐心に燃え，嘘つきの女性」から男の名誉を守るため，被害者女性の供述には，これを裏付ける別の証拠，すなわち補強証拠が必要であるとされ，被害者の供述だけでは強姦の事実を認定できないとされた。

このような性犯罪のコモンローの考え方に対して，1960年代以降のフェミニズム運動が厳しく批判を行い，やがて立法の抜本的な改革をもたらすに至った。

(2) 模範刑法典における微温的な改革

アメリカでは，各州と連邦が独自に立法権を有し，立法を行っていて，多様性が著しい。各法分野で模範法典を作って各州や連邦の法律を規制しようとする動きがあり，その一環として，1962年に模範刑法典が公表された。模範刑法典は，強姦に関する伝統的なコモンローのアプローチから微温的な脱却を試みたが，フェミニズムからの批判を免れなかった。

第1に，膣へのペニスの挿入という伝統的な用語が維持された。夫婦が別居し，離婚の申立をしている場合には強姦での訴追を認めたものの，そうでない場合には夫による妻に対する強姦罪は成立しないとされ，より軽い「性的暴行」(sexual assault) 罪が成立するとされた。

第2に，強姦罪の概念では抵抗要件も維持された。模範刑法典は，強姦罪の定義から「彼女の意思に反して」という文言を除去したが，代わりに彼女に「屈服を強要した」(compelled her to submit) という文言をおいた。模範刑法典では，最大限の抵抗ないし真剣な抵抗までは要求しなかったが，強姦被害の立証には，襲われたとき「最初のささやかな抵抗」以上の抵抗の立証が必要とされた。模範刑法典では被害者の供述に関して補強証拠が必要とされた。「鮮度の高い告訴」を要求し，告訴期間を犯行後3カ月以内とした。

第3に，模範刑法典は公判において，被害者の過去の性遍歴を防御側の証拠として提出することを制限していなかった。

多くの女性運動の団体は模範刑法典を乗り越える改革を求めた。

(3) 1970年代以降の改革

1970年代以降，全州とコロンビア特別区で改革が進展した。改革は主として①犯罪の定義，②証拠法，③同意年齢，④法定刑のあり方という4つの領域で進行した。折から，犯罪に対する人々の不安が増大し，被害者の権利が拡大したことも手伝って，改革の議論は好意的に受け止められた。ほとんどの州でフェミニズム運動は「法と秩序」，犯罪撲滅の運動と連携し，改革立法を相次いで通過させた。フェミニストのグループと法と秩序のグループとでは動機に違いがあったが，彼らが追求した改革の効果は，相互補完的なものであった。両者の同盟関係の配置は州によって違っており，改革法の内実も州によって異なっていた。したがって，改正法もフェミニストの理想を正確に反映するというよりも，妥協の産物であった。これらの改革は，以下のような目標を持っていた。①強姦被害の通報件数を増加させ，訴追と有罪判決を増やすこと，②刑事司法における強姦被害者の取り扱いを改善すること，③強姦罪の法的取扱いを他の暴力的犯罪のそれと同様にすること，④強制的な性的行為の禁止の範囲を拡大すること，④法律によって保護される者の範囲を拡大することである。

❷ ミシガン州の性刑法改革

1974年に制定されたミシガン州の性的行為罪法（Criminal Sexual Conduct Act）は，全米で最初の強姦罪に関する全面改正であった。この法律は，全米に大きな影響を与え，1980年の時点ですでに約40州で何らかの法改正が行われた。

(1) ミシガン州の旧法

改正の対象となったのは，刑法典（Penal Code）の1931年に制定された次

のような強姦罪（レイプ）規定である。

520条　16歳以上の女性を強姦し，強制力を用いてその意思に反して性交した者，または16歳未満の女性に対して，違法にかつ権限を濫用して性交した者は重罪とし，州刑務所で終身刑または有期刑を科す。本条の性交は，程度の如何を問わず性器への挿入に関する証明があったことにより，既遂に達したとみなされる。

　ミシガン州の旧法は，近親相姦や同性愛などいわゆる「反自然的な」性的行為罪（sodomy）を除けば，性的侵害罪としては古典的な強姦罪のみを規定し，日本のような強制わいせつ罪の規定を有しておらず，強制わいせつには一般の暴力犯罪の規定が適用されていたようである。強姦罪では男性が行為者，女性は被害者であり，性中立的ではなかった。また，「強制力を用い，意思に反して」（by force and against her will）という伝統的な要件が規定されていた。これは，抵抗要件を意味しており，被害者である女性が真剣に（truly）抵抗をしたにもかかわらず圧倒されたことが要求され，強姦罪の立証には，本当に「彼女の意思に反して」生じたことを証明する必要があった。刑罰の上限は終身刑であり，極めて厳しいものであった。

(2)　ミシガン州の改正の骨子

　ミシガン州では1974年に強姦罪に関する法律が抜本的に改正された。性的行為罪は，1級から4級まである。第1級性的行為罪と第3級性的行為罪は性的挿入を，第2級の性的行為罪と第4級の性的行為罪は，性的接触を中核的な行為とするものである。「性的挿入」（sexual penetration）および「性的接触」（sexual touch）の意義は法律で定義されている。前者は性交，クンニリングス，フェラチオ，アナル性交など，身体の一部または物体の他人の膣または肛門への侵入を意味するが，射精は必要とされていない（520条a (p)）。これに対して，性的接触とは，①被害者または行為者の性器への意図的な接触，もしくは②被害者または行為者の性器を覆う衣服への意図的な接触であり，かつ，合理的に解釈してこうした接触が性的刺激，性的満足を目的としているか，(i)報復目的，(ii)屈辱感を与える目的，または(iii)怒りから，

第5章　アメリカにおける性刑法の改革

性的な目的もしくは方法で行われることをいう，とされている。

犯罪類型の構成においては，性中立的な用語が用いられている。レイプ（rape）という用語すら，時代遅れのニュアンスを含むものされ，使用していない。

性的行為罪は，表のように第1級から第4級まで4つの類型に区分され，それに応じて，法定刑も段階的に規定されている。第1級性的行為罪は重い性的挿入罪，第2級性的行為罪は重い性的接触罪，第3級性的行為罪は軽い性的挿入罪，第4級は軽い性的接触罪を類型化している。

	性的挿入罪	性的接触罪
重い類型	第1級性的行為罪（重罪） 終身刑または 有期拘禁刑	第2級性的行為罪（重罪） 15年以下の拘禁刑
軽い類型	第3級性的行為罪（重罪） 15年以下の拘禁刑	第4級性的行為罪（軽罪） 2年以下の拘禁刑または500ドル以下の罰金もしくは両者の併科

被害者の態度を表す文言は用いられず，徹底して行為の客観的要素に注目した類型化が行われており，行為者と被害者の関係性や場の状況が重視され，被害者の同意の有無や行為者の主観的意図は極力排除されている。

その後の部分改正が積み重ねられたが，特に重要なのは2000年の改正であり，矯正，プロベーション，未決拘禁など，刑事司法の対象となる被拘禁者や受刑者を対象とする性犯罪であり，被害者の弱い立場につけ込んで，性的接触を行う公務員などを処罰の対象としている。

(3)　ミシガン州の性刑法の犯罪類型

上述したように，ミシガン州の性刑法は，重い性的挿入罪，重い性的接触罪，軽い性的挿入罪，軽い性的接触罪の4段階に分かれる。以下では，それぞれについて，見ていくことにする。

① 　重い性的挿入罪

重い性的挿入罪を構成する類型的要素は，以下のとおりである。

第2編　性暴力被害と刑事裁判

(a)　相手が13歳未満である場合。
(b)　13歳以上16歳未満で，行為者が以下のいずれかに該当する場合。
　(i)　被害者と同一家族の構成員である場合。
　(ii)　被害者の4親等以内の血族または姻族である場合。
　(iii)　被害者に対して権威ある立場にあり，かつ，被害者を服従させるためにこの権威を行使した場合。
　(iv)　被害者が通学している公立または私立の学校の教師，代用教師または管理者である場合
(c)　他の重罪の遂行に関連した状況で性的挿入を行った場合。
(d)　行為者が他の一人以上の者によって援助または教唆されており，かつ，以下の状況のいずれかが存在する場合。
　(i)　被害者が精神的無能力であるか，または薬物等の影響で一時的に精神的に能力を喪失し，もしくは身体的に無力であることを認識し，または認識すべき相当な理由がある場合。
　(ii)　性的挿入を実現するために強制または抑圧が行われた場合。なお，強制または抑圧は，(f)で列挙する場合のいずれかを含むが，これらに限らない。武器を使用し，または被害者が武器であると判断する相当な物または方法で他の物件を使用した場合。
(e)　行為者が被害者に対して傷害を生じさせ，かつ，性的挿入を達成するために強制または抑圧が行われた場合。強制または抑圧は，次のいずれかを含むが，それに限定されるわけではないとされている。
　(i)　行為者が物理的な力や身体的な暴力を用いて，被害者を屈服させた場合。
　(ii)　行為者が，被害者を屈服させるために強制力や暴力を加えると脅して，被害者を抑圧し，かつ，被害者は行為者がこのような脅迫を実行する能力を現に有すると信じた場合。
　(iii)　行為者が，被害者を屈服させるために，被害者やその他の者に対して将来，復讐すると脅して，被害者を抑圧し，かつ，被害者は行為者がこのような脅迫を実行する能力を現に有すると信じた場合。ここで

いう「復讐」には，身体的な罰，略取誘拐，恐喝が含まれる。
　(iv) 行為者が被害者に対して医学的に反倫理的であるか，または受け入れがたい方法，目的で医療または実験を行っている場合。
　(v) 行為者が事実の秘匿または驚愕により，被害者を屈服させることができた場合。
(f) その行為者が被害者に対して傷害を生じさせ，かつ，被害者が精神的に無能力または能力が奪われ，もしくは身体的に無力であることを認識し，または認識すべき合理的な理由がある場合。
(g) 相手が精神的に無能力または能力が奪われ，精神障害を有し，もしくは身体的に無力であって，かつ，次のいずれかに該当する場合。
　(i) 行為者が被害者の4親等以内の血族または姻族であること。
　(ii) 被害者に対して権威のある立場にあり，かつ，被害者を服従させるためにこの権威を行使したこと。
第1級性的行為罪は重罪であり，刑罰は以下の通りである。
(a) 次の(b)および(c)に該当する場合を除き，州刑務所での終身または有期の拘禁刑が科される。
(b) 第1級性的行為罪の行為者が17歳以上であり，被害者が13歳未満である場合，拘禁刑の下限は25年を下回ってはならない。すなわち，宣告刑の下限が定められているのである。
(c) (b)の行為者が以前に13歳未満の者を対象に第1級から第4級までの性的行為罪に該当する行為をしていた場合には，仮釈放の可能性のない終身刑を科す。この扱いは，これに相当する連邦や他の州の性犯罪を行った場合にも，適用がある。
(d) (a)または(b)の刑罰に付加して，裁判所は被告人に終身の電子監視を言い渡す。

本条該当の行為が同時にその他の犯罪にも該当する場合，刑は連続して執行される。

② 重い性的接触罪

第2級性的行為罪は，2000年改正までは他の状況が第1級性的行為罪の

第2編　性暴力被害と刑事裁判

それと同じであった。しかし，2000年改正では次の条項が追加された。いずれも，矯正，プロベーション，未決拘禁など，刑事司法の領域において被拘禁者や受刑者を対象とする性犯罪であり，被害者の弱い立場につけ込んで，性的接触を行う公務員などを処罰の対象としている。

(i) 行為者が矯正局の職員，契約職員またはボランティアであり，相手が矯正局の管轄下にある人物であり，かつ，行為者が相手の立場を認識しているとき。

(j) 行為者が青少年矯正施設を運営する民間業者の被用者，契約社員またはボランティアであり，相手が矯正局の管轄下にある人物であり，かつ，行為者が相手の立場を認識しているとき。

(k) 相手がカウンティの受刑者で拘禁されている者，またはプロベーションの対象者で作業プログラムやその他のプロベーション・プログラムを受けている者であり，行為者がカウンティまたは矯正局の職員，契約職員またはボランティアであって，かつ，行為者がそのことを認識しているとき。

(l) 相手方が裁判所によって未決拘禁で収容されているか，成人によって行われるならば犯罪となる行為につき有責とされたために施設に収容されている者であり，行為者は，その者が拘禁または収容されている施設の職員，契約職員またはボランティアであって，かつ，行為者が被害者の立場を認識し，または認識すべき合理的な理由があるとき。

第2級性的行為罪も重罪であり，法定刑は15年以下の拘禁刑であるが，本条の犯罪で被害者が13歳以下で，被告人が17歳以上である場合には，終身の電子監視の宣告が付加される。

③　軽い性的挿入罪

第3級性的行為罪は，性的挿入のうち相対的に軽い行為を類型化している。他人に対する性的挿入を行った者が次の要件を満たす場合は，第3級性的行為罪を構成する。

(a) 相手が13歳以上16歳未満のものであるとき。

(b) 性的挿入を達成するために，強制または抑圧が行われたとき。

(c) 行為者が，被害者が精神的無能力または精神的能力が奪われ，もしくは身体的に無力であることを行為者が認識し，または認識すべき合理的な理由があるとき。

(d) 被害者の3親等以内の血族または姻族の関係を有する者との間で性的挿入が行なわれたが，その性的挿入はそれ以外の点では禁止されない状況で行われたときも，行為者は第3級性的行為罪で処罰される。相手方が被告人に対して権威ある立場にあり，被告人に対して本号の犯罪を行うよう強制するためにその権威を行使したことは，訴追に対する積極的抗弁となる。被告人はこの抗弁を優越的証明によって立証する責任を負う。

(e) 相手方が16歳以上18歳未満で，公立または私立の学校の生徒であり，行為者が教員，代用教員，または管理者であるとき。本号は行為の時点で相手方が学校になくなった場合または両者が適法に婚姻をしている場合には，適用されない。

本罪の法定刑は，15年以下の拘禁刑である。

④ 軽い性的接触罪

第4級性的行為罪は，性的接触のうち相対的に軽い行為を類型化している。類型的要素は，軽い性的挿入罪のそれとほぼ同じであるが，いくつかの点で異なる点がある。

相手が13歳以上16歳未満であることに加えて，行為者が相手よりも5歳以上年長であることが要件とされている。さらに，行為者が精神保健の専門家と行為者の依頼人または患者と間に，または，そうした関係が終了した後2年以内に，性的接触が行われたとき。被害者の同意は，本号の訴追に対する抗弁とはならない。本号の訴追は，被害者が精神的に無能力であることの証拠として使用されてはならない。

法定刑は，2年以下の拘禁刑または500ドル以下の罰金もしくは両者の併科である。

⑤ その他の規定

ミシガン州刑法典は，以上の4類型に加えて，性的行為罪を遂行する目的

での暴行罪を規定し，重罪としている。第1級の性的挿入罪を遂行する目的で行った暴行は10年以下の拘禁刑に処する。第2級の性的接触を遂行する目的で行った暴行は5年以下の拘禁刑に処するとしている。

　刑法典は再犯加重を規定する。再犯と見なされるのは，ミシガン州のこれらの条項だけではなく，連邦またはその他の州の類似の性犯罪の規定に違反する場合を含むとされている。

　性的行為罪の各行為に対する訴追では，被害者の証言に関する補強証拠は必要とされないこと，性的行為罪での訴追に関して行為者に対する抵抗は必要とされないことが，明文で規定された。また，レイプ・シールド条項が規定されている。すなわち，被害者の性的行動の個別事例に関する証拠，被害者の性的行動に関する意見，被害者の性的行動に関する評判は，原則として許容されないことが明記された。レイプ・シールドの例外は，裁判官が①被害者と行為者との過去の性的行動に関する証拠，②精液，妊娠または病気の源泉を示す性的活動に関する個別事例の証拠が，その事件の争点となる事実に関して不可欠であり，その扇情的または予断を抱かせる性質が証拠価値を上回るものではないと判断した場合である。ミシガン州のレイプ・シールド法は，法定の除外事由に該当しないかぎり，シールドの例外となる証拠は許容されないとするに特徴があり，アメリカで最も厳しくレイプ・シールドを求めているといえる。

　氏名および事件の詳細の公表は禁止できるとされる。すなわち治安判事（magistrate）の前に引致された者に対して，弁護人，被害者または行為者の要求に基づいて，被害者および行為者の氏名，起訴事実の詳細を罪状認否，公訴棄却またはその他の終局決定のいずれかが行われるまで，公表の禁止を命じることができる。

　配偶者に対しても性犯罪が成立することが，明記された。

　刑法典は性的行為罪についてDNA鑑定を規定する。性的行為罪に関して法律上列挙された規定に違反し，または違反の未遂として有罪を宣告された者は，DNAの同一性確認または血液の遺伝子標識（genetic markers）の決定を行うため化学的検査を実施するために血液のサンプルを提供しなければ

ならず，かつ，唾液の分泌状態を決定するための化学的検査を実施するために唾液のサンプルを提供しなければならないというものである。

❸ アメリカにおける性刑法の改革

　ミシガン州を皮切りに，性刑法の改正が全米で遂行され，現在も続いている。フェミニストは，主として性犯罪の再定義，証拠法の改正，同意年齢の見直し，法定刑の緩和という4つの分野で改革を推進した。以下，それらを概観してみよう。

(1) 性犯罪の定義の改正

　アメリカでも，20数年前までは刑事法の教授たち——そのほとんどは男性であった——は，成人の間の強姦にほとんど注意を向けていなかったと指摘されている。その当時，教授たちは，強姦罪の問題点は，事実認定と証拠法にあると考えていた。しかし，近年では，強姦罪の定義そのものに問題があるという認識で一致が見られるようになった。強姦は，伝統的に「強制力を用い，妻以外の女性に対して，その意思に反して性交をすること」と定義されてきたが，それは暴力によって同意なしにペニスを膣に侵入させることを意味した。このような伝統的な定義自体が，女性に対する家父長的な態度を反映するものであり，性的強制の被害者に対して，正義を否定するものであるという見解が支配的となっていった。このように，強姦罪の定義の改正が必要であるという点では，大方の意見は一致するようになった。しかし，どのように改正をするべきかについては，一致していない。

(2) 暴力犯罪としての位置づけ

　改革論者たちは強姦についての狭い定義を変えて，暴力という現実を法文に具体化することを目標とし，強姦罪を暴行罪の一種として構成しようとした。暴力とは，その本来的に被害者の不同意を含意しており，強姦を暴力犯罪として定義することにより，被害者の同意という問題を回避できると考えた。

第2編　性暴力被害と刑事裁判

　これにもいくつかのアプローチがある。一つは，あらゆるタイプの性的侵入および性的接触を含む，より広い性的暴行を犯罪化することである。これとは別の改革のアプローチは，レイプを苦痛の大きさによって段階が異なる一連の犯罪に分割するというものであった。その苦痛の大きさは，①強制の程度，行為の重大性（挿入か，性的接触か），②被害者に対して加えられた傷害の程度，③被害者の年齢，④被害者の抵抗不能などの事情によって異なるとされた。ミシガン州をはじめいくつかの州は，さらに進んで，性犯罪の性的側面から暴力的側面に焦点を移し，「強姦」（rape）という用語を廃止し，たとえば「性的暴行」（sexual assault）という用語に置き換えている。さらに，いくつかの州は「同意」という文言を除去しようとした。すなわち，不同意が現に存在したことを表現する特定の状況——たとえば，武器の使用など——を規定することで，同意という文言を完全に削除した。別のいくつかの州は，強姦に関しては同意という文言を残しつつ，他方で強制力といった一定の状況を必要としない不同意の性的接触をも犯罪化した。

　証拠法の改革も，同意の問題と不可分である。いくつかの州は，「同意」という文言を残しつつ，犯罪者の行為よりも被害者の態度に注目するような伝統的な証拠法を改革しようとした。

　性刑法の改革では，見知らぬ者による犯行よりも顔見知りの者による強姦を摘発し，処罰することが重視されてきた。しかし，ほとんどの州では顔見知りの間でのレイプに関しては，依然として不同意性交は①強制力を行使したり，行使するという脅迫をともなうか，または②意識を失っていたり，薬物やアルコールで酩酊状態にあったり，③一定の年齢以下であったり，④その他の理由で精神的に無能力でないかぎり，レイプではないとしている。それに加えて，被害者が言葉の上で性交を拒否していても，行為者の男が強制力を行使していない以上は，レイプには当たらないとする立法や法の運用が行われてきた。したがって，暴力を示唆しない脅迫，例えば，「言うこときかないとクビだ」といった脅しや，同意が欺罔による場合でも，レイプには当たらないことになる。このように多くの州法は，現在でも強制力という要件を残しているといってよく，この点が批判を受けている。

(3) 不同意性交の処罰

　もっとも，現状を固定的に見るのは相当とは言えないという指摘も行われている。すなわち，長期的な傾向としては「強制的なレイプ」(forcible rape) が，強制力を必ずしも含まない一連の類型に置き換えられてきている。この傾向の起点は，判例が最大限の抵抗を要求した伝統的なレイプの概念を修正するようになったことである。最近，多くの州が部分改正によって伝統的なレイプの規定を変更している。すでに見たミシガン州の規定では，心理療法士と患者の間での強制力によらない性交を犯罪化している。また，いくつかの州は欺罔による同意に基づく性交を一般的に禁止する規定を置いている。また，いくつかの州は，日常的なデートの場面での性交でも強制力の要件は不要であるとされている。こうしたレイプ概念の拡大という傾向は，将来も長く続くであろうと指摘されている。

(4) 性中立化

　多くの州の法律は，男性，配偶者および同棲者など，伝統的には強姦罪の保護を受けてこなかった被害者の保護を図った。その一つが，強姦罪の性中立化である。伝統的な強姦罪は，男性のペニスによる女性の膣への侵入を意味した。フェミニズムはこの定義を批判して，レイプの意義を拡大し，膣，口，肛門のいずれに対してであれ，性的挿入および性的な部位への接触が含まれるようになった。女性が行う男性または女性に対する性犯罪を処罰するために，用語の性中立化も行われた。

(5) コモンローにおける証拠法則

　伝統的なコモンローのもとでは，被害者は強姦を立証するために自分の証言に関して補強証拠が必要とされ，いくつかの州では，強姦罪については被害者の証言だけで有罪を宣告することができないとされていた。他方，裁判官は陪審員に対して「強姦の告訴はでっちあげが容易である」旨の警告的説示を与えていた。さらに，被害者の過去の性遍歴によって，強姦への反証が行われていた。すなわち，その女性の貞操観が性的交渉についての同意の有

第2編　性暴力被害と刑事裁判

無に関連性があるとされていた。そのため，顔見知りの間の強姦の事例では，裁判所は，刑事弁護人が女性は乱れた性的関係を有する人間であると描き出そうとして，反対尋問で被害者である女性の性的遍歴を質問することを許容していた。さらに，被害者の告訴は「新鮮なものであるべきである」というルールに基づいて，被害者が速やかに被害を通報しなかったことが強姦の公訴を棄却する理由となっていた。

(6) レイプ・シールド法

改革者たちは，補強証拠や陪審に対する警告的説示といった立証上の負担は，強姦以外の犯罪では要求されないことを理由に，これを除去する努力を行った。改革運動の鍵となったのは，レイプ・シールド法の制定であった。この法制度は，主尋問および反対尋問において，被害者が被告人やその他の者との間で有した過去の性的行動に関する証拠について，その許容性を制限するものである[1]。

各州は被告人以外の第三者との間の過去の性遍歴を証拠として利用することを厳しく制限しようとした。その結果，非公開での審理（インカメラ）でなければ認められないとし，また，同意の証明などの特定の場合にのみ許容されるとされた。特定の場合とは，精液の同一性，隠れた動機，過去の虚偽告発の証明といった目的である場合が含まれる。さらに，いくつかの州は，同意や信用性を証明するために，性遍歴を証拠として利用することを禁止した。

これに加えて，被害者の証言には補強証拠が必要であるというルールも廃止されている。迅速な通報を要求する法律規定も廃止された。そして，裁判

---

(1) レイプ・シールド法に関する全米の動向を知る上で，Georgetown Journal of Gender and Law の年間回顧が有益である。Boyoung Yeum ed., Eleventh Annual Review of Gender and Sexuality Law: Criminal Law Chapter: Rape, Sexual Assault & Evidential Matters, 11 Georgetown Journal of Gender and the Law 191 (2010); Helim Kathleen Chun and Lindsey Love, Fourteenth Annual Gender and Sexuality Law: Chapter: Rape, Sexual Assault & Evidential Matters, 14 Georgetown Journal of Gender and the Law 585 (2013).

官は陪審員に対して前述のような警告的説示を行なわないようになっている。

(7) 同意年齢をめぐる改革

改革者たちは、児童の保護は維持しつつも、10代の若者の間での同意に基づく性的行動は許容するという立法を促進する立場から、同意の法定年齢に関する法改正に努めた。この法改正は、段階が異なる犯罪類型およびこれと比例した罰則を設けるとともに、年齢の錯誤の抗弁（mistake-of-age defense）を除去するものであった。この年齢の錯誤の抗弁は、被害者は実年齢よりも大人びていたので、同意年齢に達していたと誤解していたと主張することで、行為の責任を免れることを許容するものであった。

(8) 法定刑の改革

伝統的に強姦罪の刑罰は峻厳で、犯罪の重大さに応じた刑罰の差異を認めず、一律に死刑もしくは終身刑とされていた。改革者たちはそうした峻厳な法定刑を改めようとした。彼らは一般的には法定刑の引き下げを主張したが、他方で宣告刑の下限を設定する制度（必要的最低刑の宣告）を導入し、刑罰は行為の重大性に応じて宣告されるべきだと主張した。

法定刑の緩和という主張は、厳罰化が声高に主張されている日本の現状を見ると、奇異に感じられるかもしれない。フェミニズムは、刑罰が厳しくないならば、裁判官や陪審員は有罪宣告をためらわなくなり、より確実に有罪が宣告されると推測したのであった。

❹ アメリカの性刑法改革の課題：不同意性交の犯罪化を中心に

アメリカは、連邦国家であり、各州法と連邦法が存在し、法域（管轄区）ごとに法律が制定されている。したがって、性刑法も法域ごとに異なり、きわめて多様である。しかし、コモンローの性刑法の観念から脱却しようという点では、共通性を確認できる。ただ、改革が何を目指すのか、改革をどこまで推し進めるかについて、さまざまな差異が州法相互に存在しており、論者の間の開きも大きい。全体としては、不同意性交の処罰に向かいつつあ

第２編　性暴力被害と刑事裁判

という評価も可能であり，そうした立場の議論も少なくない。ここではジョン・デッカーとピーター・G・バローニの2011年執筆の論文[2]を挙げて，紹介しておきたい。この論文は，詳細に州の立法と判例を分析していて，資料的価値が高い。本論文の本論に当たるのは，第２部から第８部までである。

(1)　論文の概要

　第２部では，不同意の性的侵入 (sexual penetration) または性的接触 (sexual contact) を犯罪化し，他方で暴力 (force) や暴力の行使の威迫 (threat)，または被害者の身体的精神的能力の欠如といった状況の立証を必要としない類型を検討する。第３部では，身体的であれ，言語によるものであれ，被害者の抵抗という要件がなお存在するか否か，またそのような抵抗要件が不同意性交に対する効果的な訴追を妨げているかどうかを検討する。第４部では，暴力や暴力の威迫は存在しないが，非身体的脅迫や何らかの強制 (coercion) を禁止する規定を検討する。第５部では，権威ある者がその立場への信頼を利用して，性交への同意を得た場合，処罰することが可能か，またそのような処罰が妥当かを検討している。第６部では，被害者に対する欺罔および他の人への性的優越を獲得するためにどの程度の偽装をすれば犯罪となるかに焦点を当てている。第７部では，被害者のレイプであるという主張に関して，補強証拠の存在が有罪宣告の前提条件となるのを検討している。第８部では，コモンローは不同意の性的侵入と性的接触の禁止に関して，夫婦間にはそれが適用されないとしていた。この例外は，いまなお存在するかどうかを検討している。

　それぞれの部では，各州法が問題点ごとに分類されており，アメリカの州法の現状を知る上で，有益な資料となっている。しかし，残念ながら，紙数の制限もあって，その内容を詳細に紹介し，検討することはできない。筆者は，不同意性交の不処罰を徹底するべきであるという立場から，アメリカの

---

[2]　John Decker & Peter G. Baroni, Criminal Law: "No" Still Means "Yes" Reform Movement in American Rape and Sexual Assault Law, 101 Journal of Criminal Law & Criminology 1081-1169 (2011).

現在の性刑法を俯瞰している。筆者たちは，詳細な検討の末，結論として，アメリカ法の現状と課題を次のように示している。

(2) 不同意性交の犯罪化の必要

　この論文は，アメリカの性刑法が不同意，欺罔および強制との関連で根本的な欠陥を有していることを明らかにしている。ホルモン，好奇心，危険 (insecurity) ならびに恐怖がその局面を支配するとき，少年および若年成人の性的交渉の文脈において，不同意性交に対する適切な刑事制裁の欠如は，とりわけ悩ましいものとなる。成人年齢に達するまで，大多数の州は，どのような種類の性であれ，厳格責任 (strict liability)[3] によって禁止している。しかしながら，ほとんどの州は17歳ないし18歳を成人年齢とし，この年齢に達すると，少年や若年成人は，誰と性交をしても自由であり，その結果，望んでもいない性にさらされ，保護を受けない状態となる。

　過去数十年にわたり，改革者たちの努力によって，望まない，不同意の性交のいくつかの類型が犯罪化されるようになった。しかし，大半の州はこのような行為を犯罪化してはいないし，犯罪化しているにしても範囲は限られている。セックスをするために強制力や脅迫を用いることは，嫌悪すべきことがらであり，犯罪である。この行為は，不同意犯罪よりも重く処罰すべきである。しかしながら，不同意性交も，全面的に処罰されるべきである。恐怖で凍りついてしまい，言葉や態度で承認の言葉を発することができない被害者は決定に関して刑事司法による保護が与えられるべきである。セックスは，あくまでも成人相互間の自由な合意に基づかなければならない。換言すれば，それぞれの当事者が行為前に同意するのでない限り，正当に性交渉が行われたとはいえない。この同意の客観的な明示の意思表示を立証し，性交に先立って同意を得たことの立証責任を侵害者に負わせることで，この問題

---

(3) 厳格責任は，無過失責任とほぼ同じである。年齢は客観的に決定されるのであり，行為者の認識の有無を問わず，犯罪が成立する。したがって，被害者のである子どもの年齢を誤解していたとしても，犯罪が成立する。それは，子どもが年齢を偽った場合も同様である。

は解決されるであろう。この自由に得られた同意というアプローチを取るならば，被害者が言葉や身体で「抵抗」したという立証責任を免れさせる。このアプローチは，立証要件を単純化することによって，検察官の訴追裁量の柔軟性を許容する。検察官は，①同意の客観的な明示の意思表示が被害者によってなされていないこと，②被害者の同意なくして，被告人はことに及んだことを証明しなければならないであろう。立証責任の程度は，合理的な疑いを入れない程度のものでなければならないのであり，被告人の無罪推定は維持されている。自由に与えられた同意という要件は，「駄目なものはダメ」の法的適用に関して，混乱と曖昧さを取り除くであろう。

(3) 欺罔による同意性交の犯罪化

欺罔の利用は，性交を達成するためにこれまで許容されてきた枠組みである。大多数の州は，欺罔による性交を基本的に犯罪化していない。これらの州は，典型的には，欺罔性交の犯罪化を担当医やその他の専門職の行為者を含む環境的要素がある場合に限定している。4つの州のみが，性交を実現する目的で欺罔を行うことを禁止している。性的遭遇を促進する会話のやり取りは，多くの誇張や明らかな嘘が含まれている。これらの行為は，性交を実現することを目的としているのであれば，受け入れられなくなる。欺罔が広く存在しているからといって，それに対する寛容な態度を正当化するものであってはならない。財産を支配するために他人を欺罔することは，すべての州で犯罪となっている――この場合，欺罔によって得られた財産の価値は，重要ではない。このようにして，食料品店でリンゴを万引きする行為は刑務所に収容される。しかし，性的満足を得るために他人を欺罔することは，完ぺきに適法とされている。セックスという文脈おいては，欺罔は許されるのか。社会はある人の性的清廉性（sexual integrity）に対して，いかなる保護を与えるのであろうか。性的活動は，人々が行う最も親密な出会いの一つである。それにもかかわらず，法の下では欺罔が行われた場合，果物一個よりも価値が低いものとして扱われている。

問題の解決は，性的行為の目的で欺罔を行うことを禁止し，欺罔性交罪

第5章　アメリカにおける性刑法の改革

(sex-by-deception) を創設することで可能となる。特定の意図を要件とすることで，暇つぶしの大言壮語が犯罪とされることを排除し，性交を実現するための欺罔だけが禁止される。今や，アメリカ社会の性交渉の領域から欺罔を除去する時が来た。欺罔による性交に対する寛大な態度は，性的関係という最も親密な関係を誹謗するものであり，我々の社会組織の見苦しい現状を促進するものである。

　いかなる場合でも，性交を実現するために，強制や権威ある自己の立場を利用する行為は，違法とされなければならない。アメリカの刑法は，被雇用者を性的に搾取するために，解雇するぞと脅したり，昇進の約束をしたりすることを放置してはならない。

(4)　強姦神話と欺罔

　以上の3点の改革を批判する議論は，さまざまな神話に焦点を当て，神話に依拠している。最初の議論は，これらの改革は，成人の性的関係からロマンティックな要素をはぎ取るものだとする——このような改革は，すべての性的行為に契約書が必要だとするものだ，という。この議論は見かけ倒しである。なぜなら，彼のセックス・パートナーの目的が不明確な場合，性的行為を前に進めることは止めなければならない。曖昧にすることなく，性的行為を始めた人に被害者の自由意思に基づく同意を得ることを要求することで，この問題は解決される。

　第2の議論は，これらの変化はセックス・パートナーが捨てられた後，出会いについて嘘をつくことを導く，と示唆している。しかしながら，こうした議論も価値がない。現在のすべての州の法律で，前のセックス・パートナーを陥れようと欲するのであれば，物理的な脅迫や強制が行われたという虚偽の告発によっても，そうすることができる。物理的脅迫や強制から不同意や欺罔による性交の処罰へという変化によって，虚偽告訴や偽証が自動的に増加するという推測は成り立たない。

　最後の敵意のある反対論は，これらの変化は不必要であり，現行法は十分に性犯罪の犯罪化を行っていると示唆している。この最後の議論は，アメリ

カの風土病ともいえる性暴力の高いレベルを無視している。この性暴力には強制された，不同意の性交が含まれている。調査結果によれば，性犯罪の被害者の圧倒的多数は女性であり，この国の3人に一人，ないし4人に一人が，望んでいない性的接触の被害者である。現行法は，この問題に対して適切に向き合っていない。

社会は望んでいないセックスはどのような形態のものであれ，許されないことを市民社会に対して明らかにすることは，人々に対してメッセージを送ることになる。すなわち，だめなものはだめ，そして欺罔，非物理的な強制ないしは優越的立場の利用は，性的征服の手段たり得ないというメッセージである。そうすることで初めて，我々はこの根が深く，系統的な問題に向き合うことが可能となり，我が国における性刑法のギャップを利用することを選択する人々と対決することとなるであろう。

以上がこの論文の結論部分である。そこから明らかなように，アメリカでも，不同意性交罪を中心として，性犯罪を純化していくことには，多くの課題が残されていると見ることができる。しかし，不同意性交の類型はフランスなどでも設けられており，日本でも検討するに値する。

日本の学説で不同意性交一般の犯罪化を主張する見解はほとんど見当らない。しかし，日本の学説の多くは，性的自由ないし性的自己決定を性犯罪の法益と考えている。不同意性交の犯罪化はこうした法益論に適合すると解することが可能である。もっとも，不同意性交は，暴行・脅迫を要件とする類型に比べて軽い類型として置く必要がある。

❺ 改革の効果に関する評価研究

(1) 改革の評価研究

アメリカにおける性刑法の改革の結果は，州によって実に様々であった。しかも，多くが改革前の特徴を色濃く残していた。改革は女性の権利の擁護者と「法と秩序」のグループとの連合によって実現された。後者は，フェミニズムとは異なる保守的なグループであり，犯罪率の増加と寛容な刑事司法への懸念を有していた。

第5章　アメリカにおける性刑法の改革

アメリカでは重要な法改正が行われた場合，その運用状況をフォローする評価研究が研究者によって行われることが多い。性犯罪に関する刑事法改革に関しても，そのような評価研究がいくつか行われてきている。そうした研究は，ほぼ一致して改革が象徴的な意味を持ち，性犯罪に関する人々の意識や態度を変化させたことを認めているが，刑事司法の事件処理に対しては，消極的な評価と積極的な評価とが対立している。

(2) 事件処理が変わっていないとするもの

ロー（Wallace Loh）が1972年から1977年にかけて実施し，1980年に公表した調査では，ワシントン州の法改正は強姦事件の処理に対してほとんど影響がなかったという結論に至っている[4]。ローは5年間にわたってキング・カウンティ裁判所（シアトル市）の検察官の訴追記録を検討し，レイプ改革法の主たる効果は，法執行の手段の変化よりもむしろ，社会全体にとって象徴的で教育的な効果をあげたことであるとした。彼の調査では，法執行の手段に注目した場合の最も顕著な変化は，レイプの段階づけを行ったことから生じたとしている。すなわち，行為の重大性に比例した類型を設けて，刑罰もそれに対応させたことによって，改正法の下では処罰の確実性が高まった。しかし，そのことは，厳罰化が進んだことを必ずしも意味しない，との結論に到達している。

ポーク（Kenneth Polk）は，1975年から1982年にかけて，カリフォルニア州の法改正の影響を調査し，ローとほぼ同様の結論を下している[5]。彼によれば，逮捕後の重罪の訴追の割合および有罪宣告後の施設収容の割合を分析し，改正後の増加はわずかであり，その他の点では変化はなかったとした。

ブライデンとレングニック（David P. Bryden and Sonja Lengnick）は，1977

---

[4] Wallace Loh, The Impact of Common Law and Reform Rape Statutes on Prosecution: An Empirical Study, 55 Washington Law Review 543 (1980).

[5] Kenneth Polk, Rape Reform and Criminal Justice Processing, 31 Crime & Delinquency (1985).

年の論文[6]で，それまでに公表された社会科学の文献を網羅的にレビューし，改革によりレイプ事件における司法制度の運用に改善が見られるものの，レイプ事件の処理の結果（outcome）にはほとんど変化はなかったとした。

　レイプ法の改正は象徴的（社会に対するメッセージ）な意味をもつことはいうまでもないが，それだけではなく，より積極的な通報，逮捕，訴追，有罪，量刑へと導くであろうという期待が込められていた。しかし，これらの調査の多くは，刑事司法の運用の効果としての事件処理には，あまり変化を生じさせなかったことを示唆した。

　以上の調査結果は，改革者の期待に反するものであったという評価がある。なぜなら，証拠法の改革は，前評判は高かったにもかかわらず，強姦事件の通報，処理，有罪宣告に対して，ほとんど影響を与えなかったというものであったからである。なるほど，女性は強姦の被害をより積極的に通報するようになっている。事例調査の結果から，陪審も，訴追事実に関して女性に同情を示すようになったことが裏付けられる。しかし，こうした前進は，個別の法改革の効果というよりも，顔見知りの間でのレイプに関して人々の態度が改善されたことによると解されている。

(3) 事件処理が変わったとするもの

　これとは異なり事件処理に変化をもたらしたという評価研究もいくつか見られる。たとえば，ブライデンは，2000年に発表した論文[7]では，前述した1977年の論文における評価を再検討し，この20〜30年の間で人々のレイプに関する態度に変化が見られるとしており，結論を変えている。すなわち，20数年前と比べて，被害者はレイプ被害を通報するようになり，いくつかの法域では，顔見知りの間でのレイプ事件についても，有罪判決を得ることが容易になっている。ブライデンは，事件処理の結果にも，変化が生じてい

---

(6) David P. Bryden and Sonja Lengnick, Rape in the Criminal Justice System, 87 Journal of Criminal Law and Criminology 1194 (1997).

(7) David P. Bryden, Forum on the Law of Rape, Redefining Rape, 3 Buffalo Criminal Law Review, 317 (2000).

るとした。また，レイプ・シールド法の下で被害者に敬意を払った取扱いを受けるようになった。「賢明な法改正を選択するならば，歴史的にレイプ事件において存在してきた問題の解決について楽観的となる十分な理由が存在する」と結論づけている。

　2001年に公表されたフッターとメベイン（Stacy Futter and Walter R. Mebane）の論文[8]は，1970年から1991年の間で全米の各州とワシントンDCの法改正が強制的なレイプ（forcible rape）の通報件数と逮捕件数に与えた影響を包括的に調査している。この23年間の全米で行われた3322の警察組織への通報と警察の逮捕，検挙の推移を『統一犯罪報告書』のデータにより分析し，法改革の影響，効果を測定している。それによれば，よりリベラルでフェミニストに好意的な立法は，通報と逮捕の双方に明らかな影響を及ぼしたとしている。とくに，性犯罪を連続体で定義すること（段階に応じて類型化し，刑罰も段階的にすること），配偶者や同棲者を訴追すること，被告人やその他の者と被害者の間での性的な関係に関する証拠の許容性を制限すること，同意年齢に関する錯誤の抗弁を否定するといった改革は，警察が確かな根拠による通報と判断した事件の増加を導き，さらにそれが逮捕件数の増加をもたらした，としている。

(4) 人々の意識の変化

　性刑法の改正が与えた影響に関して調査が蓄積されてきてはいるものの，共通の確定的な結論が得られてはいない。とくに，警察，検察，裁判所での性犯罪事件の処理に影響を与えたのかについては，上述のように評価が分かれている。しかし，法改正が象徴的な意味を持ち，女性の性的自己決定権を重視する方向で人々の意識を変え，その結果，被害者が泣き寝入りをしないという方向での影響をもたらしたという点については，多くの一致が見られるといってよい。

---

[8] Stacy Futter and Walter R. Mebane, Jr, The Effects of Rape Law Reform on Rape Case Processing, 16 Berkeley Women's Law Journal 72 (2001).

(5) 顔見知りの間でのレイプ

　一連の改革を通じて，強姦罪は実際には二つの異なる犯罪であるという点が認識されるようになったといわれる。すなわち，一方では加重的な強姦と呼ばれる類型であり，見知らぬ人による強姦，武器を持った男による強姦，被害者が隠れた傷を負っているような類型であり，この領域では刑事司法は比較的よく機能しているとされる。しかし，問題は親密圏ないし顔見知りの者による，武器を持たないで行われる強姦であり，付随的な傷害を負わない類型である。この類型は，具体的には，デート・レイプ，恋人，隣人，または職場の同僚・使用者によるレイプ，さらには夫婦間のレイプである。こうした類型では，刑事司法がうまく機能して来なかったとの評価が行われている。被害者は，顔見知りの者によるレイプを警察に通報する割合は低く，ときにはそれがレイプであるという認識すら持っていない。警察に通報しても，警察官は彼女の言い分を聞こうともしない。検察官は起訴をしないことも多いし，陪審員も有罪を言い渡さない傾向がある。上訴裁判所の決定にも問題が多い。この領域は，DV問題，セクシャル・ハラスメントの問題とも重なり合う。アメリカでは，親密圏での女性に対する暴力，とりわけDVに関して，必要的逮捕制度，必要的訴追をはじめとする一連の改革が行われている。それはDVに共通する問題であり，必ずしも性暴力に限られるわけではない。

❻ 日本法への示唆

(1) 日本における最近の法改正

　アメリカの性刑法改正は，西欧諸国にも大きな影響を及ぼし，各国の法改正を促進した。しかし，わが国では国際的な動向とは距離を置いて，性刑法の法定刑の引き上げ，集団強姦罪の新設，被害者の刑事手続での保護と参加を促す立法措置や運用の改善が行われてきた。そうした措置は，「法と秩序」派と被害者運動の高揚とも対応するものであり，フェミニズムの主張もそれらの枠組みにおいてのみ，部分的に実現されたにすぎない。そのため，性刑法の全般的な見直しやレイプ・シールド法の導入などの課題が残された。

第5章　アメリカにおける性刑法の改革

(2) 日本法への示唆

　日本の性刑法の規定は，抽象的であるが故に，持続力があるということもできる。かつてのアメリカとは異なり，抵抗要件は明記されてはいないし，強姦罪を補う強制わいせつ罪の規定があり，夫婦間での強姦罪の成立も法文のうえで否定されてはいない。

　しかし，刑法の規定そのものを改正すべき点もある。現行法は強姦罪を強制わいせつ罪と区別し，重い類型としている。しかし，それは男系中心の世襲制，家父長制を前提にしているとの批判を免れない。それは女性を厚く保護するものではなく，何よりも夫以外の男との性交により，夫以外の血筋の子どもができることを回避しようとするものである。妻に対する強姦罪は原則として成立しないという考え方も，家父長制のイデオロギーによるものである。性刑法を改正し，強姦罪の特別扱いをやめて，性刑法を性的侵入罪と性的接触罪に分け，性中立的な性犯罪として再構成することである。そのうえで，行為者と被害者の客観的な力関係と行為の場の状況に着目して，類型を段階的に設定するという方向が望ましい。侵入の対象は膣だけにとどまらず，肛門，口腔も含むのであり，侵入は性器だけではなく，器具なども含まれる。性的侵入罪と性的接触罪との二元化は，性的中立性をも意味する。

　強姦罪の運用において，暴行・脅迫が「被害者の抵抗を著しく困難にする程度」でなければならないという高い基準のため，事実認定では①被害者が実際に強く抵抗していたこと，②被告人がこのような抵抗を排除して，暴行・脅迫が行われ，姦淫したことの立証が求められている。日本でも運用上は抵抗要件を排除されていない。さらに，判例における事実認定を子細に検討すると，実際には不同意の証拠として被害者の女性の供述だけでは足りず，補強証拠が必要であるという前提に立つと思われるものが相当数に達する。それは，その他の犯罪での被害者の供述の取り扱いとは明らかに異なるものであり，そのような扱いをする理由は疑わしい。レイプ・シールド法も導入を検討すべきである。夫婦間強姦は，性的虐待であり，DV問題であるとの認識が日本でも広がっている。夫婦間でも強姦罪が成立することを法規定で確認することは，象徴的な意味をもつ。

第3編

まとめ

●●● 第6章 ●●●
日本の法曹に対する
ジェンダーに関する継続教育の必要性*

――――――――――――――――――――― 南 野 佳 代

❶ はじめに――ジェンダーに関しても公平な司法を求めて――

　本稿では，ジェンダーを，人間を二つの性別に分けてそれぞれに役割や期待を割り当てる社会規範の体系とその規範の下で生産され再生産される性別による格差，差異という事実の両面を持つものとする。

　公平な司法とは，法を担うものたちが追求し続けねばならない価値理念であり，その中には，ジェンダーに関しての公平も含まれる。例えば，米国では 1990 年代後半に，ジェンダーバイアスが影響を与えたとみられる場合は，上訴理由になるとの見解を示した判決は，「法の適正な手続きとは，少なくとも，偏見のない裁定者の前で，十全にかつ公平に審理される機会を意味する」としている[1]。また，別の判決は弁護士が法廷でジェンダーバイアスのある行動をすることは，「法曹全体の品位を貶めるもの」と処断する[2]。

　社会規範としてのジェンダーとそれに基づく社会経済的事実としてのジェンダーによる不平等と，それを再生産し続けるような偏見，先入観，固定的な役割観念，そしてジェンダーが個人にもたらす社会経済的状況や行動，裁判の影響の違いなどを一切考慮しない法過程にはジェンダーに関する公平性は見出せない。ジェンダー公平性が確保されるべきであるのは，判決の妥当性，判決理由におけるジェンダー問題への感受性などの裁判の実質にかかわる側面，審理過程での証人，証拠，当事者のジェンダー公平な取扱いという手続にかかわる側面，人事を含む司法機関の管理運営にかかわる側面，そし

　＊　本稿は JSPS 科研費（24330033）の成果の一部である。
　(1)　Catchpole v. Brannon, 42Cal.Rptr.2d 440 (1995) at 443.
　(2)　Mullaney v. Aude 126Md.App. 639 (1999).

第3編 ま と め

て司法へのアクセスや弁護士の在り方まで含む紛争処理過程にかかわる側面があげられる。これらにおいて、ジェンダーに関して公平であることが、公平な司法のひとつの要件であることは、各国法曹、司法、国際機関等において共有され、実現に向けて努力がなされている。

法曹継続教育の目的は、法曹の能力開発による法的サービスの向上を通じたプロフェッショナルサービスの質保証とその結果としての市民の法曹への信頼醸成である。法的サービスは権利実現にかかわるという特性ゆえに、その質が保証されなければ、市民にとって不利益になりうるだけでなく、法制度全体への信頼にかかわりうる。法制度への評価とその利用は、法制度の公正さへの信頼によって左右されるが、法的サービスは対面的個別的サービスであるから、市民と直接に相互作用する法曹の言動の公平さが、全体としての司法の公平らしさの判断材料になるのだ。受動的機関である司法は法曹が信頼されてこそ、その機能を果たすことができる。法曹への信頼がなければ、人びとが司法利用を回避する結果、正義の観点から許されない紛争処理がなされうるだけでなく、法の支配の形骸化を招きうる。さらには法解釈の更新がなされず、法発展が停滞しうる。国際社会では、ある国の人権保障に関わる法的処理の基準が更新されず、グローバルスタンダードに達しないならば、その国民は他国民と比べて人権保障が弱いということになる。

市民は相互作用の中で、法曹のジェンダーに基づく偏見（ジェンダーバイアス）を読み取り、不公平な処遇を受けたと感じる。知覚されたジェンダーバイアスは、個人を超えて法曹一般への市民の認識を形成し、それゆえ、司法に対するイメージをも形づくりうる。個々の法曹の行動が、司法への信頼を左右することから、ジェンダー公平な言動が、継続教育において取り組まれるべき課題となる。このような背景があって、法曹継続教育は各国において、ジェンダーへの取組みも含め、拡充され義務化されていく傾向にある。

法曹三者は一体として司法の公平らしさを担うが、継続教育の必要性を個別に見ておこう。弁護士の場合は、継続教育によって、顧客に最善の法的サービスを提供することは職業上の倫理であるだけでなく、経営上の必要である。というのは、顧客は弁護士を選ぶことができるからである。また、今

第6章　日本の法曹に対するジェンダーに関する継続教育の必要性

日の世界では，弁護士の国際的競争力を高めるためにも必要とされる。最も市民とかかわる機会が多い法曹として，ジェンダー視点の研修は必須であろう。さらに，日本の現状では，裁判官がジェンダーについて学びうる機会提供という点でも，法廷における弁護士の活動に期待されるところが大きい。

　裁判官の場合は，法廷において，訴訟運営も含め，ジェンダー不公平な言動があれば，個人レベルでは人権にかかわり，制度レベルでは司法および法制度への信頼にかかわる。弁護士は当事者が賢く選択すべきであるといえる面もあるが，裁判官は当事者には選ぶことができない。司法は税金で運営され，国民の負託によって司法権を行使している以上，高度な質保証が求められる。ただし，それは裁判官の独立を毀損しない方法で行われるべきであることは言うまでもない。

　検察官の場合は，被疑者だけでなく，被害者，証人への公平な対応がなされねばならない。検察官のジェンダー公平を欠く言動によって二次加害が生じうるだけでなく，被害の届出が回避され，加害者への不処罰の連鎖を招けば，法の犯罪抑止力は無効化される。また，刑事司法へのアクセスを事実上阻害し多くの被害を潜在化させることは，国民の負託と信頼を裏切るものであろう。

　ジェンダーは，役割期待や価値・資源の配分，権力配置，不利益の付与などを規律する社会規範として，わたしたちの日常生活における行動や判断を左右する。ジェンダーは社会規範として浸透しており，「当たり前のこと」のように認識されているため，その不正義には気づきにくい。さらに，ジェンダーによる階層化あるいは差別の構造は，時と場所が変われば異なる現象形態をとりうる。それゆえ，自己の行動や思考様式がいかにジェンダーの差別構造を自明のこととして受容しているかに気づき，自ら点検するためには，一定のトレーニングが必要である。法曹は優れた法的思考能力を持ち，日々実務経験を積み，勤勉で誠実である。しかし，わたしたちは社会の規範に従って生きている。法曹も，人として，社会に浸透したジェンダーを身につけ，その影響下にある。

　法的判断は，社会生活に関する正しい事実認識にたって行われなければ，

第3編　ま　と　め

社会においては弱者に不利に働き，一層苦境に追い込むことが多いのである。それは，司法が追求すべき価値，果たすべき役割と相いれるだろうか。ジェンダーという身近で，それゆえ可視化・意識化されにくい規範の作用を自己点検できる能力は，その他の目に見えにくい支配構造——弱者が虐げられる構造——を見抜く力となるだろう。そのような社会規範を法的に改革していくことは，正義の実現にとって不可欠である。その役割を担う能力と権限を持つものが，あえて不介入の立場をとるならば，それは支配構造の再生産に加担するに等しい。また，既存の秩序の「正しさ」を一旦疑って考えることができる力は，法を創造的に解釈し，運用する能力につながる。人にとって，「当たり前」を疑い，別様のあり方を想像することは困難であり，時に苦痛を伴うが，それは他方で優れて知的で創造的な営為であり，法曹であればこそ，可能であろう。そのような創造的能力を発揮することができる法曹は，法を発展させる原動力である。

　日本社会は人種や言語等の点で相対的に多様性が低いとされ，司法においても多様性への配慮が軽んじられがちである。また，法曹になりうる者の階層性によって，日本の法曹はかなり均質的な集団であると思われ，とりわけ裁判官，検察官は組織化されてもいることから，一層均質的であろう。その意味で，全体としてマジョリティのもつバイアスが暗黙の前提として共有されがちであり，自己の偏りを自覚化する契機は少ないだろう。法曹も人であり，その限りで種々の偏りを持つ存在であり，それは自覚的に改善可能であることを基礎とする教育がなされるべきである。偏りがあることを認め，それを法実務において自覚的に吟味し公平さを追求する力が，グローバルスタンダードにおいて法曹に求められる資質なのだ。日本ではジェンダーに関する継続教育を導入する必要性と期待される効果はいっそう大きい。

❷ 法曹に対するジェンダー研修の必要性と意義

(1) 法曹に対する継続教育の位置づけ

　本稿では，法曹資格取得後に研修等を経て，開業あるいは任官し実務に携

第6章　日本の法曹に対するジェンダーに関する継続教育の必要性

わる法曹を対象とする教育・研修を法曹継続教育と呼ぶこととする[3]。法曹継続教育は，実務によって培われる経験による研鑽（いわゆるOJT）とは別に，法曹が職業生活にある間，研修等を通じて能力開発を継続的に行うことを目的とするものである。これまでに科研により調査を行った国々では，制度化の方法や教育研修の実施主体，義務付けの程度に差はあるものの，一定の教育研修制度が用意されている[4]。

　一般に法曹継続教育が必要であるのは，法曹全体が，法的サービスについて一定の質を確保しているということが，社会全体の法の支配や司法制度が健全に機能するためには欠かせないからである。日々更新される法律や裁判についての正確な理解と関連情報について，最新の知識を組織的に効率的に普及することは，法的サービスの質を高めるだけでなく，法的サービスの質に対する信頼の確保につながる。公的法サービスを提供する裁判官の継続教育については，司法がその任務を果たすための業務の一環であろう。弁護士については，ある程度個人の判断に任せることも可能であるが，弁護士会が組織的に取り組むことで，市民への法的サービスの質が安定する。法曹の提供する法的サービスは社会生活において極めて重要であり，その質保証は，各国の司法をとりまく事情はさまざまであっても共通の課題であり，その目標を達成するために法曹継続教育は義務化される方向に進んでいる。プロフェッショナルサービスの質保証は，法曹が継続的に能力開発を行い，質の高い法的サービスを市民に提供することによって実現される。グローバル化の下で各国の弁護士会は，会員弁護士に継続教育を義務付けることで，競争力を維持することをも目指している。弁護士にとって，継続教育を通じてサービスの質を維持向上させることは，倫理的にも，経営的にも必要なこと

---

[3]　もともとの英語はContinuing Legal Educationである。継続法曹教育という訳語もある。また，法曹に対する組織的な教育・研修を継続的専門性開発Continuing Professional Developmentと呼ぶ国もある。本稿では法曹継続教育を使用する。

[4]　これらの調査結果は，JSPS科研費（19330027）による研究の成果の一部として，南野佳代編著『法曹継続教育の国際比較』（日本加除出版，2012）にまとめている。また，その後のJSPS科研費（20330033）による調査も含めたものとして，南野佳代「法曹継続教育とジェンダー」『ジェンダー法研究』創刊号43-74頁（信山社，2014）。

第3編　ま と め

である。

　裁判官に対する継続教育は，国際的な研修開発協力機関や国際的な司法の枠組み等が整備されてきており，国内での研修プログラムを相互に参照し，情報交換しつつ，司法の独立と公平性を高めるための活動が行われている[5]。法系が異なっていても，司法に共通の価値を実現するための，司法と裁判官のあり方に関する国際的基準として言及されるのが，「司法行動に関するバンガロール原則」である[6]。同原則は世界人権規約自由権規約の公平な裁判を受ける権利の保障を目的として，各国に共通する司法の独立，裁判官の独立，公平な裁判の実現のための裁判官の行動原則を定めている。

　法的サービスは市民にとっては権利実現に関わるものであり，法的サービスの質保証は個人にとっての死活問題であるだけでなく，直接に相談をする弁護士のコミュニケーションの取り方，ふるまいから受ける印象は，法制度全体の公平さの印象と，それゆえ信頼性を決定づけることがある。法曹の公平性が信頼されなければ，司法は市民から利用を回避されかねず，その役割を十全に果たすことができない。その意味で，法制度への市民の信頼を確保し，利用を促進することを通じて，法の支配の貫徹，さらには法発展のために，継続教育は欠かせないものとなっている。

---

[5]　国際司法教育機構 International Organization for Judicial Training: IOJT http://www.iojt-dc2013.org/（2014年10月1日確認）裁判所や訴訟運営に関わる司法部門の教育研修や制度改善の取組みの国際協力の例として，International Consortium for Court Excellence: ICCE による International Framework for Court Excellence : IFCE 主として英米法圏と発展途上国が加盟。http://www.courtexcellence.com/（2014年10月1日確認）

[6]　http://www.unodc.org/pdf/crime/corruption/judicial_group/Bangalore_principles.pdf（2014年9月29日確認）「バンガロール原則」は，多くの国の裁判官が参加し，多くの国や地域の司法倫理に関する規程，法律を参考に作成され，ハーグの国際司法裁判所で開かれた各国を代表する裁判官の円卓会議で，2002年に採択された。「国連司法の独立に関する基本原則」は司法の独立を確保し促進することを目的として，国家が主たる名宛人である。http://www.ohchr.org/EN/ProfessionalInterest/Pages/IndependenceJudiciary.aspx（2014年10月1日確認）

第6章　日本の法曹に対するジェンダーに関する継続教育の必要性

(2) 法曹に対するジェンダー研修の位置づけ

　法の実現しようとする理念や価値と，政治制度において司法部門が果たすべき役割の構想，それらとの関係において法曹にはどのような資質，技能，能力が必要であると考えるのか。それらが法曹継続教育の目的となりカリキュラムや研修内容に反映される。一定の価値を共有しているはずの近代的法制度と民主的政治制度をとる諸国では，ある程度の共通の課題があろう。

　ジェンダーに関する研修は，法曹継続教育においては大きな部分を占めるわけではない。しかし，ジェンダー平等は，社会的正義，人権の実現とは切り離せないものであって，社会によって現象形態は異なっても秩序装置としてのジェンダーに共通性がある限りで，各国共通の重要課題である。ジェンダーがどのような影響を当事者に与え，それゆえに当事者がどのような言動をするのかについての社会的な事実に関する知見は，法曹が具体的な個人に対して公平なふるまいをするには必要である。なぜなら，ジェンダーは日常に浸透した規範であって，自明視されることが多く，特に意識化することなしには，具体的個人のおかれた状況の理解と，その理解に基づき公平にふるまうことは，誰にとっても困難だからである。

　司法に対する市民の信頼は，公平らしさに大きく影響される。司法過程に対する心理学的研究によって，1990年代には，市民の司法への信頼の基礎づけとして，裁判利用者の納得あるいは満足は，裁判の結果にかかわらず，訴訟プロセスにおいて，公平に主張する機会を与えられたと感じているかに左右されると実証された。訴訟過程における公平感が利用者の司法制度への評価を決定するのである[7]。それは，当事者が法廷において，裁判官，双方の代理人，裁判所事務官が公平に振る舞ったかどうかの認知に依存し，法的

---

(7) 例えばトム・タイラーの報告は，2013年のIOJT会議（ワシントン特別区）においても手続的正義と訴訟運営（case management）のセッションとしてプログラムが提供されていた。法廷において裁判官が両当事者に対して公平に対応したかどうかが，裁判官，司法への信頼の基礎にあるがゆえに，訴訟運営は裁判官が職務を果たす上で研修によって改善していくべき事項になる。裁判の社会心理学研究につては，例えば，E. アラン・リンド，トム・R・タイラー著　菅原郁夫・大渕憲一訳『フェアネスと手続の社会心理学——裁判，政治，組織への応用』(1995)（ブレーン出版）参照。

第3編　ま と め

には手続的正義の問題を提起しうるのである。「公平感」の対象には当然，ジェンダーにかかわる公平性も含まれる。従って，裁判官の訴訟運営においては，当事者の多様性に配慮した公平性が求められる。なお，現在，司法倫理において求められる「司法の公平性」は，裁判官の主観的な公平ではなく，客観的な公平の知覚が基準となる[8]。

　公平らしさは，とくに市民一般においては，法曹，裁判所事務官等の，当事者や関係者に対する言動までをも含めた経験全体から認知されるものである[9]。公平らしさ——言動から知覚される公平感——が，司法の公平性についての市民からの評価には重要であり，その確信が司法の基盤になるというのである[10]。

　ジェンダー規範とその効果——不利であれ，有利であれ——を免れる人は，いないといってよく，全ての人に関わる問題である。とくに，ジェンダーが原因となる暴力や差別については，被害者の視点にたった法の適用が，救済

---

(8)　例えば，「司法行動に関するバンガロール原則」は「合理的観察者の目に公平無私とみられる」(2.5)，「合理的観察者の観点から非難されない」(3.1)，「正義は単に遂行されるだけでなく，遂行されたと見られねばならない」(3.2) 等と規定している。

(9)　ことに，法曹継続教育において公平らしさが強調されるのは，法曹の言動におけるなんらかのバイアスを意識的に改めるためである。裁判官の場合，判決の内容そのものには，研修においてなんらかの示唆を与えることは裁判官の独立の観点からは許されないことは当然であるが，調査を行ったいくつかの国では，もはやあからさまなジェンダー・バイアスが判決内容に表出されることはあり得ないとの前提が共有されているようである。つまり，そのような裁判官には，初めから資格が欠けているのである。したがって，次のステップである，言動に当事者や市民に知覚されうるバイアスをなくすことが研修のひとつの目的となる。手続的にバイアスがある，つまり当事者に，性別を理由として不当に扱われたとの認知があれば，それは上訴理由となり，判決が破棄されうることも理由である。しかしながら，南野前掲注(4)，2014 で述べたように，米国での NASJE の 2014 年次会議では，自覚されない隠れた人種やジェンダーに関するバイアスが裁判官の心証形成に影響があるという，裁判官を対象とした心理学実験等に関する論文や裁判官自身の問題提起を根拠として，それに対応する研修プログラムのあり方について議論がなされていた。

(10)　Gleeson, M. (2007) Public Confidence in the Courts, National Judicial College of Australia,http://njca.anu.edu.au/Professional%20Development/programs%20by%20year/2007/Confidence%20courts/papers/Gleeson.pdf Accessed 31 October 2011

第6章　日本の法曹に対するジェンダーに関する継続教育の必要性

には欠かせない。しかも，ジェンダー規範は，性質上，時と場所と状況によってその現象の仕方が変わりうるものである。これらを考慮すれば，一回の研修では足りず，継続的になされねば意味がない。だからこそ，各国において一定の取組みがなされ続けているのだ。

❸ 各国法制度におけるジェンダーに関する法曹継続教育の位置づけ

　ここでは，大陸法，英米法，法継受国の法曹継続教育を簡単に紹介する。各国の法曹継続教育は，法曹養成教育の実施主体が行うものが公式であることが多いが，それぞれの市民社会と法曹の歴史などを反映している。日本は近代的法制度を導入した国として，法継受国に分類する。

(1) 大 陸 法 国
①　ド イ ツ[11]
　ドイツ連邦共和国では，法曹は同一の養成課程で教育を受け，試験で資格を与えられる。開業するか司法官（裁判官，検察官）として任官するかで，継続教育は異なる。司法官には，各州のレベルと連邦のレベルで継続教育が年間プログラム計画に沿って提供されている。初任者研修や転任時研修以外は，受講は義務ではなく，各司法官の任意の自己研鑽である。ジェンダーに関する研修は一定の実施実績があり，提供されるべき研修であるとの位置づけを得ている。ジェンダーを前面に出さなくとも，EU人権法，ジェンダーメインストリーミング，ジェンダー平等や性暴力に関わる立法等に伴って，法実務におけるジェンダー視点からの具体的問題設定を含む研修がなされている。
　司法官への制度的な研修では，ジェンダー視点を取り上げる研修が設定さ

---
(11)　ドイツについては，主として以下の文献参照。ウルリケ・シュルツ　内藤葉子訳「ドイツにおける法曹継続教育とジェンダー」『法曹継続教育の国際比較──ジェンダーで問う司法──』前掲注(2)，澤敬子・内藤葉子・南野佳代「ドイツ連邦共和国におけるジェンダーに関する法曹継続教育」11号（2008）。

第3編 ま と め

れているだけではなく，具体的な問題設定でジェンダー視点を取り入れた研修が，立法趣旨を司法官の業務の文脈において理解することを目的として実施されている。ジェンダー平等にかかわる立法がなされ，普及に際して研修が行われて，裁判実務におけるジェンダー観点の浸透を促している。

各種団体による研修は，メンバーは誰でも受講することができる。歴史があり影響力も強いドイツ女性法曹協会（Deutshe Juristinen Bund; DJB）は，職業横断的組織であり，女性の権利擁護をひとつの柱として活動しており，少なくとも女性法曹には，一定のジェンダーに関する知見や問題意識が共有されているといえる。

② フランス[12]

フランスにおいては，法官と弁護士は，異なる養成学校で課程を修了して資格を取得する。継続教育の実施主体も別である。弁護士については，継続教育は毎年20時間の研修が義務付けられている。これは，弁護士養成課程と継続教育とのEU統一化への動きによる。司法官は初任者研修と異動に伴う研修以外は，基本的に任意で継続教育を受講する。法的知識・技術にプラスして人格的資質を養うこと，法官に社会や人間の生き様の多様性を理解する機会を提供することが研修の重要な目的の一つになっている。

法官に求められる「技術」の研修と実生活を連結させる教育を行うことが，司法への国民の信頼を得るために必要であるとされている。一年間に5日の研修を法的に義務付けているが，罰則はない。バンガロール原則に則って研修を実施しており，法官の独立と抵触しない。研修を受けて初めて独立した判断ができるものであり，司法の独立と研修とは対立しない，と2013年の時点で法官養成校は語っていた[13]。

---

(12) フランスについては，主として次の文献参照。澤敬子・柿本佳美「フランスにおける法曹継続教育とジェンダー」『法曹継続教育の国際比較――ジェンダーで問う司法――』前掲注(2)，澤敬子・南野佳代「フランス共和国におけるジェンダーに関する法曹継続教育」12号（2009）。

(13) 2013年ワシントン特別区で開催されたIOJT国際会議に出席していた法官養成校代表の発言。

第6章　日本の法曹に対するジェンダーに関する継続教育の必要性

ジェンダーに関する論点は，関連法の制定，改正時に研修がされるのみである。ジェンダー平等は政治領域が対応すべき問題であるという，政治と法を比較的厳格に区別するフランスの法思想と，実際に立法府が機敏に法を整備しているために，この領域に関して司法が大きな裁量をもつことはないと考えられていることが理由の一部である。

(2)　英米法国
①　米　国[14]

法曹継続教育は，多くの州で義務化されており，州単位で法曹協会や最高裁判所の継続教育担当部署が研修プログラムの計画，カリキュラム開発，実施等を行っている。継続教育を義務化している州では，要件単位数や必修課題を設定している。研修の提供者は，全米法曹協会のほか，ロースクール，民間企業，NPOなどである。特に，専門的NPOは法曹継続教育において大きな役割を果たしている。

裁判官に対しては，各州最高裁判所に教育部門があり，初任者研修と継続教育を行っている。「司法教育専門家」が裁判官や社会のニーズに対応して，「司法教育を通じて司法への信頼を確保する」ために裁判官を支援する研修を州ごとにプログラム，カリキュラム，教授方法などを開発して実施している。

ジェンダーにかかわる研修については，全米女性機構（NOW）が法律問題専門部門として立ち上げた，LDEF（Legal Defense and Education Fund）が1980年に全米女性裁判官協会と発足させた「裁判における男女平等促進のための全米司法教育プログラム」（NJEP，現在はLegal Momentum）が，充実したプログラムを開発し研修を実施するとともに，教材や講師を司法研修所，法曹協会等に提供している。基本的には，裁判官に対してジェンダーに

---

[14] 米国については，主として手嶋昭子「アメリカ合衆国における法曹継続教育とジェンダー」『法曹継続教育の国際比較――ジェンダーで問う司法――』前掲注(2)，南野佳代「司法におけるジェンダー・バイアスへの取組みと司法教育」『法社会学』77号（2012）。

第3編　ま　と　め

関する社会経済的事実についての情報と，それを理解するための科学的視点を判断材料として提供することで，裁判官が判決形成過程においてジェンダーにかかわる諸要素を公平に評価し，取り扱うことを通じて，ジェンダー公平な裁判を実現しようとするものである。

②　オーストラリア[15]

オーストラリアでは，法曹の継続教育は，全法曹を対象に1970年代に導入され，1980年代に義務化された。その目的は法的サービスの質保証のための制度を設けることによる専門職への信頼の維持向上である。もっとも多くの人口，企業，法曹を抱えるニューサウスウェールズ州（NSW）においては，義務的法曹継続教育は，法曹協会（Law Society）が設立し研修受講料で運営されるカレッジ・オブ・ローが最大の提供主体であり，法曹一般向けとされる法律の制定・改正に伴う実務的研修が大部分を占めるが，ジェンダーにかかわる研修も提供してきている。

裁判官対象の司法教育については，NSWでは裁判官への情報提供と研修を通じて，司法への信頼の醸成と向上を目的とする機関である州司法委員会（Judicial Commission of NSW）[16]が独立した組織として設置されている。判決の統一性を支援するための裁判官への判例・量刑・法令情報データベース，ベンチブックの開発・提供，司法サービスの公平性を維持向上するための研修プログラムの企画，カリキュラム開発，実施，および苦情受付の機能をもつ。研修プログラムは，初任者研修とそれ以外の，訴訟運営，裁判所運営，法律の制定，改正時の研修がある。ジェンダー意識の関係する研修においては，裁判官が，自らのバイアスを自覚することで，審理において不当なバイアスが作用していると知覚されない言動ができるようにすることが目的とされる。

---

(15)　オーストラリアについては，主として南野佳代「オーストラリアにおける法曹継続教育とジェンダー」『法曹継続教育の国際比較――ジェンダーで問う司法――』前掲注(2)，南野佳代「オーストラリアにおけるジェンダーに関する法曹継続教育」12号（2009）参照。

(16)　http://www.judcom.nsw.gov.au/ 2014年10月1日確認。

第 6 章　日本の法曹に対するジェンダーに関する継続教育の必要性

裁判官を支援する情報提供として，公平な司法のための社会経済的事実，心理学等の知見，ジェンダー意識向上や多文化理解，多様な視点の提供をしている。情報提供のひとつである「法の前の平等」ベンチブック[17]は，裁判官が審理にあたり参照しやすい形で関係する社会経済的事実，統計，関連する研究の成果の要点整理を行い，ジェンダーにおける不利な立場の当事者を理解して審理を行う上で考慮すべき事項，すべきでない推測，言動などを分かりやすく説明している。

(3) 法継受国
① フィリピン[18]

フィリピンでは，2001年から，全法曹を対象として義務的法曹継続教育が実施されている。その目的は，法曹に必要な法律的知識の更新，職業倫理遵守，活動水準向上である。国際的なジェンダー主流化の流れの中で，最高裁判所長官のリーダーシップ[19]の下で「フィリピンの司法システムのための戦略的ジェンダーと開発主流化計画」の戦略において，「ジェンダー研修」は第一の項目に挙げられた。ジェンダー視点の導入，ジェンダーへの配慮において重要なものとされ，選択科目に配置され，実施された。

② 日　本[20]

日本においては，法曹継続教育は職によって分かれている。弁護士は，個

---

(17) 関連するものとして，『性暴力裁判（事実審）に関するハンドブック』も作成配布されている。ベンチブックもともに，前掲注(15)のウェブ上で入手可能である。
(18) フィリピンについては主として三輪敦子「フィリピンにおける法曹継続教育とジェンダー」,『法曹継続教育の国際比較——ジェンダーで問う司法——』前掲注(2)参照。
(19) Hilario Davide主席裁判官のイニシアティブの下で，ジェンダー公平な判決をした裁判官を表彰する，ジェンダー正義賞（Gender Justice Awards）が創設され実施された。なお，上記のバンガロール原則の起草会議のメンバーでもある。
(20) 日本については，渡辺千原「日本におけるジェンダーに関する法曹継続教育」,『法曹継続教育の国際比較——ジェンダーで問う司法——』前掲注(2)参照, Chihara Watanabe, Judicial Education and Approaches toward Gender Fair Judiciary, *International Journal of Legal Profession*（forthcoming May 2015）を参照。

人として研究会，学会などで研鑽を積むだけでなく，単位弁護士会が開催する研修会やシンポジウム，および日本弁護士連合会が開催する各種セミナー，シンポジウムなどに参加して，その専門性を維持向上させる努力をしている。

　裁判官については，従来，判事補任官後，徒弟制度的な OJT 教育による育成が行われている。司法研修所による研修制度は，「裁判官が多様で豊かな知識・経験等を身につける」ため，裁判官の自己研さんを支援するための組織的研修とされている[21]。2009 年と 2014 年に渡辺が行った書面と電話による問合せに対する回答によれば，裁判官に対して実施する職務導入研修の中に，国際人権や人権にかかわる 1 時間半ないし 2 時間半の講演がカリキュラムに 1 コマ組み込まれており，その中でジェンダーに関わる問題も扱われる。「裁判官の人権に対する意識を高めるための」講演であり，外部講師が中心である[22]。ジェンダーに関わる課題が人権課題のひとつとして研修の中に少しでも組み込まれ，「聞き逃す人が出」ないように，毎年人権研修を実施していることは，意義があるといえる。

　ただし，裁判の公平性にかかわる問題であって，裁判官にも広く共有されたジェンダー規範の内包する偏りへの対応の問題であるという理解が導かれなければ，裁判実務に直結するものとの理解は難しいだろう。そしてそれは，研修の方法と目的や，裁判官像と密接に関わるがゆえに，日本の画一性を重視する司法とは馴染みにくいということは，容易に予想される。

❹ ジェンダー研修の内容と方法

(1) 司法におけるジェンダーバイアス

　米国では，裁判と法曹におけるジェンダーバイアスについて，1970 年代に問題提起と司法の調査と教育のプランが準備され，1980 年代には各州と

---

[21] http://www.courts.go.jp/saikosai/sihokensyujo/saibankankensyu/index.html　2014 年 10 月 1 日確認。

[22] 司法研修所からの回答は，「日本におけるジェンダーに関する法曹継続教育」参照。2009 年と 2014 年の二回の問合せに対して同一の回答であり，5 年ほどの間には変更はなかったといえる。

第6章　日本の法曹に対するジェンダーに関する継続教育の必要性

連邦の両レベルで裁判所と弁護士会が協力して調査を実施した。連邦裁判所の意思決定機関である合衆国裁判所会議は1992年から「あらゆる形態のバイアス」をなくすために巡回区に研修を奨励し、1994年から1995年にかけて策定された連邦裁判所長期計画に「故意のバイアスと見かけ上のバイアス」を「公平な司法を阻害する」ものとして容認しないとした[23]。

米国の調査では、実体的法理だけでなく、裁判過程における相互作用、職場としての裁判所の環境、裁判所運営の在り方などを含み、そのいずれにおいても、ジェンダーバイアスが存在し、女性に対して不公平な結果をもたらすこと、ジェンダーバイアスが原因となる不公平は予測より大きく、訴訟のプロセスと結果において女性に不利に働き、女性と男性ではジェンダーバイアスへの感受性に大きな差があることが報告されている。司法においてもジェンダーは大きな影響を、司法へのアクセス、訴訟参加、訴訟の結果のすべてにおいて持つことが示された。この結果を受けて、裁判所は裁判官行動規程の改定[24]、ジェンダー研修の導入[25]等を行った。

法の公平性を確保するために研修を採用することの基盤にあるのは、意図されないバイアスは、人の思考過程において不可避的に行われるカテゴリ化にかかわるものであり、「自然な」過程であるからこそ、自覚化し、意識的に注意をすれば克服できるものであるとの認知心理学的知見である[26]。法

---

(23) Lynn Hecht Schafran "Will Inquiry Produce Action?" Studying the Effects of Gender in the Federal Courts, 32 U. Rich. L. Rev. 615 (1998) pp.625-626.

(24) たとえば、裁判官行動模範規程（Model Code of Judicial Conduct）Canon3は「裁判官は性別に基づく偏向・偏見を言動に表してはならない」と規定する。

(25) 研修の効果として、Schafran "Women Shaping the Legal Process: Judicial Gender Bias as Grounds for Reversal," 84 Ky.L.J. 1153 (1995) Two Anniversaries of Challenge and Change," 10 Colum.J.Gender & L. 51 (2000) はCatchpole v. Brannon (42Cal.Rptr.2d 440) を例にとって解説している。本件は、ジェンダー・バイアスの定義として、カリフォルニア州司法協議会諮問委員会が採用したNJEPの定義を採用し、事実審判事のジェンダーバイアスのため被害者に偏見のない裁定者の前で十全にかつ公平に審理される機会を与えなかった適正手続違反と認定し、さらに前掲注(25)の裁判官行動模範規程違反とした。Mullaney v. Aude 126 Md.App.639, 1999.

(26) Schafran 前掲注(24) pp.641-644.

第3編　ま と め

の公平性は個々の法曹の公平性を確保することで達成されるという共通理解のもと，法曹も人であり各自バイアスは持っているが，自らの行動をより公平に適うよう変容するべく，学び続け自己改革することを職責——正義の追求——として果たそうとすることが求められる。

(2)　社会的文脈研修の一部としてのジェンダー研修

裁判官に対して「社会的文脈」を理解するための研修を行うことは以下のように基礎づけられる。裁判官には実際は広範な裁量があり，その判断過程には，裁判官個人の意図にかかわらず，日常的なジェンダー感覚が反映してしまうため，既存の平等概念を批判的に検討し，別の思考と理解方法を定式化する能力が求められる。また，裁判所の人的構成の偏りによって，多数派の経験に基づく認識が暗黙に共有され基準となってしまうこと，その結果，司法において「個人を個人の特性，能力，ニーズではなく集団の属性によって評価する社会的思い込みと証明されていない信念やステレオタイプを司法が用いることはほとんど不問にされてきた」ことにより，個人の悪意はなくとも，システム上，偏りができてしまう。ジェンダー公平であるには，ジェンダーが作り出す経験への理解と共感が求められるが，それは，個人の経験を社会的文脈において具体的に理解することに他ならない[27]。

研修は，裁判官自身が，ジェンダーバイアスが判決形成に与える影響を理解し，それを自覚的に修正し，かつ変化するバイアスの形態に対応していく態度と能力を獲得することを目的としている。そのため，研修の目的は裁判官に，自身の信念と態度が不偏性と公平性に与える影響を提示することであり，裁判官が自らそれを発見することができるような方法を採るべきである。

オーストラリア NSW 司法委員会の研修においては，裁判官の公平性は，判決内容の公平さだけでなく，裁判過程における言動から認知される公平らしさも同様に重要であるとされている。研修においては，上述のように「裁判官の態度と行動」に関する研修のなかに，自らのバイアスを自覚すること

---

[27]　Kathleen Mahoney "The Myth of Judicial Neutrality: The Role of Judicial Education in the Fair Administration of Justice," 32 Willamette L. Rev. 785 (1996).

第6章　日本の法曹に対するジェンダーに関する継続教育の必要性

を目的とするものがある。

　ブリティッシュコロンビア州最高裁判所判事を務め，カナダにおけるジェンダーに関する司法教育導入運動の先導者のひとりでもあるリン・スミスによると，カナダにおいては，社会的文脈教育を司法教育に組み込むことによって，裁判官は，事実，法，そして社会的文脈を検討して判決形成を行うことができるようになるが，それは，第一に平等の実現を追求すること，第二に司法の独立を擁護すること，第三に司法への市民の信頼を高めることにおいて有効である[28]。社会的文脈教育の目的は，法と司法における平等を促進することであるが，それは，20世紀における，人種，宗教，民族，性別，障がい，性的指向に基づく差別からの解放という人権概念の拡張と，女性の権利は人権であるという洞察とに対応しており，その必要性は，司法は世界の多数国において，もっとも人口構成を代表していない統治機構であることにある。制度的な不利益の理解と実質的平等の実現にかかわるからこそ，社会的文脈研修が継続して必要であり，裁判官の自己改革を動機付けるべきなのである。

　スミスは，裁判官に断片的知識を提供するのみでは，単にある偏見から別の偏見に切り替えるだけになりうる。あらゆる研修において社会的文脈を意識的に配慮しなければ効果が上がらない，と警告している[29]。

5　おわりに

　法曹継続教育の制度化は，今後も進んでいくものと思われる。研修は司法の独立を市民からの信頼によって確保するための重要な方法と位置付けられている。

　その目的は，明確に，裁判の質，市民目線での公平性の向上であり，裁判官のこれらの知識が判決形成における公平性に重大な意味を持つからこそ，多様な分野の研修が提供される。単に識見を高めるのが目的ではなく，裁判

---

[28] The Honourable Madame Justice Lynn Smith, "Judicial Education on Context," University of British Columbia Law Review Vol. 38 pp. 569-582 (2005) at 582.

[29] Smith, 同上, at 582.

第 3 編　ま　と　め

実務に反映されて公平性についての市民からの評価と信頼という司法の正統性の基盤を確保することが目的である。そこには，司法は社会の多様性を必ずしも代表してはいないにもかかわらず，その社会の人びとの権利について最終的に決定を下さねばならないことに対する真摯な姿勢がある。翻って，日本社会の多様性は未だ司法には適切に反映されているとは言えない。法曹における女性の割合はまだ 20％程度である。多様性を自ら発見するような方法をとって行われる研修は，日本においては特に必要であるといえる[30]。

---

(30)　Minamino, Kayo, "Introducing Gender Training in Judicial Education in Japan to Support the Judiciary," International Journal of Legal Profession (forthcoming issue May 2015).

●●● 第7章 ●●●
性犯罪事件の刑事弁護活動

宮 村 啓 太

❶ 弁護人の責務と性犯罪事件の特殊性

　刑事事件における弁護人は，被疑者及び被告人の権利及び利益を擁護するために最善の弁護活動に努める責務を負っている（弁護士職務基本規程第46条）。

　もとより，このことは性犯罪事件においても同様である。被害者とされる証人にある質問をするべきか否か，冒頭陳述や最終弁論である事実を主張するべきか否かを決するにあたっては，いずれの選択が被告人の利益に適うかとの見地から判断しなければならない。被告人の利益を実現するために必要な訴訟行為を被害者に対する遠慮などの理由で怠ってしまうことがあったとすれば，それは弁護人としての最善努力義務に違反するものといわざるを得ない。

　例えば，性交の承諾の有無等が争われた強姦被告事件において，被害者とされる若年女性の証人尋問で弁護人が性交時の状況を含む事実経過を詳細に尋問して，結果的に当該女性の供述の信用性について消極的に働く事情が認定されて無罪が言い渡された事例が報告されている[1]。当該事案において被告人側が求める結論を得るために性交時の状況を尋問する必要があるのであれば，そのような尋問を行うのは弁護人の立場では当然のことであるし，それが弁護人の責務である。

　性犯罪事件の刑事弁護活動の在り方を検討する前提として，まずは以上の

---

[1] 大前治「被害申告の経緯を明らかにして勝ち取った無罪判決」季刊刑事弁護76号46頁。

第3編　ま　と　め

原則を確認しておく必要がある。

　しかし，この原則は，言うまでもなく「何を尋問してもよく，何を主張してもよい」ことを意味するものではない。

　例えば，スーパーマーケット店内での万引事件の犯人性が争われている事案において，犯行を目撃したとされる警備員の証人尋問が行われるとする。そのような証人にとって，通常，犯行を目撃した出来事は思い出すのが辛いような体験ではなく，また，公開法廷で供述するのが辛いような体験でもない。これに対して，性犯罪被害に遭ったとされる証人の尋問が行われる場合に，意に反して性的行為を受けたのだとすれば，そのような体験はできる限り早く忘れたくて思い出すのも嫌な出来事であるに違いない。また，誰しも自らの性的な体験を公にしたくはないから，そのような出来事について公開法廷で供述を求められるのが辛いことであるのも，事実であろう。

　そのような出来事について，被告人側が求める結論を得るために何の必要性もないにもかかわらず，被害者とされる証人に事細かく供述を求めるとすれば，それは，被告人の利益に結びつかない。それどころか，被害者に無用な負担を強いて二次被害に晒すものと見られ，弁護人の訴訟活動に対する信頼を損なうことにもなりかねない[2]。そのような事態は被告人の利益に適うものではないだろう。

　したがって，性犯罪事件において被告人の権利及び利益を擁護するためには，他類型の事件に増していっそう，何を主張し，何を尋問するかの吟味検討が重要であると考えられる。

❷ 裁判員裁判事件における弁護人の主張の評価例

　このことを考える素材として，日本弁護士連合会裁判員本部編「裁判員裁判の量刑」（現代人文社）の性犯罪の章に掲載されている裁判員裁判事件の量刑理由に関する判決書抜粋のうち3件を紹介する。

---

(2)　季刊刑事弁護76号「裁判官から見た性犯罪事件『被害者』供述の信用性」61頁〜62頁における植村立郎元裁判官と神山啓史弁護士の発言参照。

第 7 章　性犯罪事件の刑事弁護活動

(1) **福岡地裁平成 23 年 5 月 13 日判決**（435 頁）

　被告人が帰宅途中の女性の後をつけ，エントランスホールで女性を姦淫して金品を強取したとされる事案について，「弁護人が主張するように，被告人が当初から強姦を意図しておらず，陰茎を深く挿入していなかったとしても，被害，態様の悪さを考えるとこれらを大きく刑を下げる要素とみることはできない」と判示された。

(2) **大阪地裁平成 22 年 3 月 17 日判決**（436 頁）

　被告人が被害者宅に侵入して強姦し，全治 2 週間を要する傷害を負わせたとされる事案について，「弁護人は，被害者の希望を受けてコンドームをつけるなど，被告人なりに被害者に配慮していたと主張するが，結局，被害者の心情を無視して強姦行為に及んでいることなどからすると，この点は被告人に特に有利に考慮すべき事情とは認められない」と判示された。

(3) **千葉地裁平成 22 年 4 月 23 日判決**（437 頁）

　被告人が被害者宅に侵入して暴行して姦淫しようとしたが目的を達しなかったとされる事案について，「弁護人は，被害女性が自室内で下着等を身に付けていない状態であったことをあたかも同女の落ち度であるかのように主張するが，このような主張にはもとより賛成することはできない」と判示された。

　これらの事案の全般的な事実経緯や証拠関係は明らかではないから，当該事案における弁護人の主張の当否を論じることは不可能である。

　しかし，上記した主張だけを切り取って一般論として検討すると，強姦の際に陰茎を挿入した深さの程度や，強姦の際に避妊具を装着した事実や，被害者が自室内で下着等を身に付けていたか否かは，直ちには被告人の刑事責任を軽減する量刑事情となり難いように思われる。

　そのように被告人に有利な結論には結びつき難いのだとすると，例えば陰茎を挿入された時の深さの程度や室内で下着等を装着していなかった事情に

第3編　まとめ

ついて被害者とされる女性に事細かく尋ねる尋問を行った場合に，そのような訴訟行為が果たして被告人の利益に適うのか，弁護人には十分な検討が求められている。

❸ 被害者とされる証人の供述経過を検討する際の留意点

　近時，裁判員裁判に対応するための法廷弁護技術を修得する研修では，証人の自己矛盾供述（公判廷での供述と矛盾する公判廷外供述）を顕出して弾劾する技術が取り上げられている[3]。これに対しては，裁判所の立場から，公判供述と過去の供述調書の内容の些細な食い違いを論う反対尋問が多く，証人と裁判員が質問の趣旨がわからず当惑しているとの指摘もなされている[4]。

　この点についても，性犯罪の特殊性に留意すべきとの指摘がある。すなわち，性犯罪の被害に遭った証人は，被害に遭った時は通常の精神状態ではいられないから，被害直後には限られた情報しか供述することができず，しばらく時間が経ってから詳細な供述をすることができるようになる場合や，逆に，被害に遭ったことを忘れたいとの思いから，時間の経過によって供述の分量が減ってしまう場合があるとの指摘がなされている[5]。

　このような指摘があることを踏まえると，被害者とされる証人について，単に供述の変遷を指摘しても直ちには信用性を否定することはできず，「どうしてその変遷が信用性を失わせることになるのか」を説明できる必要があることになる。そのような必要性はどのような事件の証人の供述についても当てはまるものであるが，性犯罪の被害者とされる証人については，性犯罪被害に遭った場合の心理状態をも十分に踏まえた上で，供述経過を吟味検討することが特に必要であるといえるだろう。

---

[3]　日本弁護士連合会編『法廷弁護技術［第2版］』178頁。
[4]　齊藤啓昭「公判中心主義からみた裁判員裁判の運用」刑事法ジャーナル36号48頁。
[5]　前注(2)の「裁判官から見た性犯罪事件『被害者』供述の信用性」58頁における植村立郎元裁判官の発言。

第 7 章　性犯罪事件の刑事弁護活動

❹ 結　び

　裁判員制度の実施を契機として，「刑訴法本来の当事者主義への回帰」が必然であるとされ，裁判所は当事者の主張・立証を評価して判断する立場に立つことが裁判員裁判における基本的な訴訟運営の在り方になるとされてきた(6)。裁判所がそのような評価者の立場に徹するのだとすると，当事者は，とりあえず多めに主張立証しておいて裁判所に取捨選別を委ねる，などというような姿勢で公判に臨むことは許されず，何を主張立証するかの判断がいっそう重要性を増すことになる。

　そして，性犯罪事件において的外れな訴訟行為をした場合には，その訴訟行為が単に無益であるにとどまらず，被告人にとって不利益な結果になりかねないことは前記したとおりである。性犯罪事件の刑事弁護活動に臨むにあたっては，被告人の利益を擁護するために，性犯罪の実態を十分に理解した上で，何を主張立証するかを慎重に吟味検討しなければならない。

　そして，その吟味検討をする上では，本書籍の各論稿における指摘が参考になるはずである。

---

(6)　今崎幸彦「裁判員裁判における審理及び制度運営上の課題」判例タイムズ 1255 号20 頁。

あとがき

　この本は，2014年6月のシンポジュウム「司法におけるジェンダーバイアス～性暴力被害の実態と刑事裁判の在り方～」を基にしていることは，初めに記したとおりである。刑事裁判のありかたを考えるのであるから，刑事弁護を実際に行っている弁護士との意見交換を求めて，宮村啓太弁護士のご協力を頂いた。宮村弁護士には当日の発言に基づいてコラムを執筆していただいている。

　本書には，当日のシンポジュウムには登壇されなかったが，重要なテーマについて齋藤豊治弁護士，田中嘉寿子検察官及び南野佳代京都女子大学法学部教授にも，ご多忙のところをお願いして御論考をお寄せいただいた。

　振り返ってみれば，弁護士は法学部，法科大学院及び司法研修所での法曹養成課程を通じて，性暴力についてどの程度のことを勉強してきたのだろうか。刑法の講義では，「強姦罪」や「強制わいせつ罪」は他の論点に比べて重要視されていなかったということを，学生たちから聞いたこともある。ましてや，それらをジェンダー視点で考えるということは，ほとんど経験していないのではないだろうか。刑法の講義では，事柄の性質上，被害者について教えられることは，極めて少ない。しかし，弁護士になれば，性暴力犯罪事件に関わる機会が生まれる。加害者の弁護人として，あるいは，被害者の権利擁護をする者として。いずれであっても，弁護士は，性暴力被害の実態を十分に知らないまま，仕事をしていることは，珍しくないのではないだろうか。

　犯罪被害者の権利が語られるようになったことと，女性運動が女性への暴力の根絶を一つのテーマとして取り上げるようになったこととがあいまって，性暴力被害者の権利が，従前よりは人権の問題として社会的に認識が進んだことは事実である。その結果，性暴力被害者を取り巻く刑事司法も一定の改善がなされたが，多くの弁護士が問題意識を必ずしも共有しているわけでもないことも，残念ながらまた否定できないであろう。性暴力犯罪がジェン

あとがき

ダーバイアスと深い関係をもっていることすら，一般には知られていないようだ。弁護士は，差別の問題を扱うが，そのときにジェンダーバイアスはどの程度意識されているのだろうか。とりわけ，性暴力犯罪被害に関わるときには。

　一つの犯罪を巡って，被害者の支援を行う者と加害者の弁護を行う者とは，往々にして対立する立場に立つ。しかし，社会における正義の実現という目的からは，対立を超えて，共有できるものがあるのではないだろうか。ジェンダー視点に立った性暴力犯罪弁護は，加害者をよりよく理解することに資するのではないだろうか。加害者を弁護人がよりよく理解することは，加害者の更生に有用なことではないだろうか。それは，ひいては社会にとっても有用であり，つまるところ，正義の実現になるのではないだろうか。弁護士法1条が「弁護士は，基本的人権を擁護し，社会正義を実現することを使命とする。」と規定していることを指摘するまでもなかろう。

　本書の出版をその第一歩として，ジェンダーバイアスへの関心が高まり，刑事弁護を行う人々との建設的対話が進むことを期待したい。

　2015年9月

角田由紀子

〈資　料〉

〈資　料〉

【性犯罪被害に関する事例一覧】

最高裁判所判例

	裁判所	判決日	罪名等	判決	争点	要点
1	最高裁判所（裁判所時報1481号5頁, 判例時報2052号151頁, 判例タイムズ1303号95頁, 最高裁判所裁判集刑事296号277頁）	平成21年4月14日	強制わいせつ	破棄自判無罪	わいせつ行為の有無	被告人は，捜査段階から一貫して犯行を否認しており，本件公訴事実を基礎づける証拠としては，Aの供述があるのみで，物的証拠等の客観的証拠は存しない。被告人は本件当時60歳であったが，前科前歴はなく，この種の犯行を行うような性向をうかがわせる事情も記録上は見当たらない。したがって，Aの供述の信用性判断は特に慎重に行う必要があるが，(i)Aが述べる痴漢被害は，相当に執拗かつ強度なものであるにもかかわらず，Aは車内で積極的な回避行動をとっていないこと，(ⅱ)そのこととAの被告人にした積極的な糾弾行為とは必ずしもそぐわないように思われること，(ⅲ)Aが成城学園前駅でいったん下車しながら，車両を替えることなく，再び被告人のそばに乗車しているのは不自然であることなどを勘案すると，同駅（成城学園前駅）までにAが受けたという痴漢被害に関する供述の信用性にはなお疑いを入れる余地がある。そうすると，その後にAが受けたという公訴事実記載の痴漢被害についての供述の信用性についても疑いを入れる余地があることは，否定し難いのであって，Aの供述の信用性を全面的に肯定した第１審判決及び原審の判断は，必要とされる慎重さを欠くものというべきであり，これを是認することができない。被告人が公訴事実記載の犯行を行ったと断定するについては，なお合理的な疑いが残るというべきである。
2	最高裁判所（判例時報2132号135頁, 判例タイムズ1358号79頁, 最高裁判所裁判集刑事304号139頁）	平成23年7月25日	強姦	破棄自判無罪	抗拒不能の有無 姦淫の有無	人通りもあり近くに交番もあり駐車場の係員もいて，逃げたり助けを求めることが容易にできる状況であることを分かっていたのに，叫んだり助けを呼ぶこともなかったこと，物理的に拘束されていたわけでもないのに逃げ出したりもしていないこと，無理矢理姦淫される直前にすぐ後ろを制服姿の警備員が通ったのに，声を出して積極的に助けを求めなかったこと等が，強姦の危機に瀕している被害者の対応としては不自然で信用できない。20cm余りの身長差のある被告人の左手で右脚を持ち上げられた不安定な体勢で，立ったまま無理矢理姦淫された旨のAの供述は，わずかな抵抗をしさえすればこれを拒むことができる態様であるし，このような体勢においては被告人による姦淫が不可能ではないにしても容易でなく，姦淫が行われたこと自体疑わしい。当日深夜に採取したAの膣液からは人精液の混在は認められなかったし，膣等に傷ができているなど無理矢理姦淫されたことを裏付ける事実も認められなかった。Aがコンビニのゴミ箱に捨てたと供述する破れたパンティストッキングは直後の捜査によっても発見されていない。Aは，破れたパンティストッキングを捨てた後，当初はコンビニエンスストアで新たにパンティストッキングのみを購入したとしていたものを，その後，コンビニエンスストアでのレジの記録からこれに符合する購入が認められないとなると，第１審では何かを一緒に購入したかもしれないとして，レジの記録に沿うよう供述を変化させ，原審では飲物を買ったような記憶があるとしており，供述内容に変遷が見られる。

189

〈資　料〉

下級審裁判例

	裁判所	判決日	罪名等	判決	争点	要点
1	広島地方裁判所（判例集未掲載）	平成23年3月11日	強制わいせつ・強姦	無罪	わいせつ行為の有無 姦淫の有無 同意の有無	被害者及び被告人の行動が，被害者のいう性的被害の実態にそぐわないこと，被害者が，初対面の男性を深夜自宅に案内していること自体，特段の事情のない限り，被告人が自宅に立ち入ることを容認していたとみる余地があることなどより，被害者の証言の信用性を相当程度疑わせる事情がある。 また，被害者の着衣に生地が傷んだり破れたりしたような痕跡が見られず，身体にも押さえつけられた痕跡が残っていないことなどに照らすと，反抗を困難にする暴行が加えられたと認めるにも合理的な疑いが残る。
2	福岡高等裁判所（判例タイムズ1384号370頁）	平成23年5月25日	迷惑行為防止条例違反	破棄自判有罪	痴漢行為の有無 痴漢行為の故意 被害者供述の信用性	被害者供述の信用性を判断するには，痴漢被害の核心部分に合理性が認められるかどうかに加えて，被害後の状況についても検討する必要がある。そして，被害者らの供述に客観的な裏付けと評価できるものが存在する場合に限って，その信用性があると判断することができる。
3	神戸地方裁判所（裁判所ウェブサイト）	平成23年11月29日	準強制わいせつ・準強姦致傷	有罪	被害者が心神喪失の状態にあったか否か 姦淫の有無 被害者供述の信用性	被害者の公判供述は，宣誓の意味を理解できないため宣誓なしに行われたものであり，その知的能力にも照らせば，信用性の吟味は慎重に行われなければならない。 被告人に姦淫された旨の被害者供述と矛盾する客観的証拠はなく，むしろ客観的な証拠のいずれもが被害者の供述と整合していることに照らして信用性は高い。
4	名古屋地方裁判所（裁判所ウェブサイト）	平成24年2月21日	迷惑行為防止条例違反	無罪	被告人と犯人の同一性 被害者供述の信用性	捜査や証拠請求の不十分さを指摘し，これを被告人に不利益な方向で考慮することは許されず，かえって被害者供述に客観的証拠による裏付けがないということを指摘。 被害直前の被害者の状況からして，被害を受けた時から犯人であると考えた人物を追いかけ始めるまでの状況に関する被害者供述の内容については，細部に至るまで正確性が高いものとは認めがたい。
5	横浜地方裁判所（裁判所ウェブサイト）	平成24年10月19日	迷惑行為防止条例違反	無罪	痴漢行為の有無 第三者供述の信用性	被害者が，公判廷に出頭しなかったため，証言を得られず，検察官調書についても，刑訴法321条1項2号前段の供述不能に該当しないとして，証拠請求は却下された。 警察官の供述は，供述内容が不自然である，行為態様を誇張した疑いがある，裏付ける証拠が何もない，など信用性に疑問が残る。
6	神戸地方裁判所（裁判所ウェブサイト）	平成24年11月26日	強姦	有罪	暴行の程度 脅迫及び姦淫の有無 被害者供述の信用性	被害者による110番通報を警察が切ったため，被害者が姦淫されたとする時点での録音は存在しないが，被害者供述の内容は，録音内容に引き続く状況として極めて自然であるし，姦淫されたと認識した理由や姦淫の態様についての証言も，その特徴的な内容等に照らして実際に体験し記憶したことをありのままに述べていると認められる。
7	大分地方裁判所（裁判所ウェブサイト）	平成25年6月4日	強制わいせつ致傷	有罪	わいせつ行為の態様 わいせつ行為の有無 被害者供述の信用性	被告人の指が性器に入った態様や時間を具体的に証言できていないこと，被害者の陰部に傷はなく，客観的な裏付けもないことなどから，性器に指を入れられたという状況に曖昧さが残り，被告人が性器に指を入れようとして陰部に触れたことを，被害者が「入れられた」と表現している可能性も否定できない。

190

〈資　料〉

	裁判所	判決日	罪名等	判決	争点	要点
8	神戸地方裁判所裁（判所ウェブサイト）	平成25年7月25日	強姦致傷等	強姦・傷害で有罪	傷害行為の理由・時期 被害者供述の信用性	強姦の被害に遭うという重大な局面で受けた暴行は印象に残りやすいと考えられるが，被害者の認識と記憶の正確性に疑問を差し挟む余地があること，供述内容に不自然さがあること，供述時の具体的な状況が明らかでなく，記憶の鮮明さの程度や，捜査官の誘導の有無なども不明であることを踏まえると，被害者の供述調書が全面的に信用すると評価することはできない。
9	鹿児島地方裁判所（裁判所ウェブサイト）	平成26年3月27日	準強姦	無罪	抗拒不能の有無等	証人が，被害者は感覚の麻痺や感情が切り離される解離状態を示していたと証言した。 しかし，裁判所は，被害者の被告人から性交されそうになった際に自分がどのような態度をとったかに関する供述の変遷について合理的な理由がなく信用できない。自己の態度は，感覚が麻痺してきたという自己の心理の表れとして密接不可分であるから，前者が信用できない以上，後者の感覚麻痺に関する供述も信用できない。したがって，被害者に解離状態が生じていたことを基礎づける事実は認定できないとした。
10	京都地方裁判所（判例集未掲載?）	平成26年3月28日	迷惑行為防止条例違反	無罪	被告人と犯人の同一性	被害者が犯人の顔や後姿を観察した際の条件が良好であったとはいえないこと，犯人の面通しが暗示性や誘導の危険性の高いものであったこと，犯人の重要な特徴に関する被害者の記憶は面通しや取調べの過程で変容，具体化した疑いが濃厚であることに照らすと，被害者が被告人を犯人であると思い込んだ疑いは否定できないから，被告人が犯人である旨の被害者供述は直ちには信用できない。
11	大阪地方裁判所（裁判所ウェブサイト）	平成20年6月27日	強姦	無罪	同意の有無 抗拒不能の有無 強姦の故意	被害者は今日は性交はやめておこうという発言をし，足に力を入れて綴じるなど拒絶する態度を示していたこと，被害者が14歳の中学生であり，被告人とは本件前日に初めて知り合い，付き合い始めたのも本件当日であることなどに鑑みれば，被害者が性交に同意していなかったことは認められる。しかし，被告人が被害者の足を開く行為及び被害者に覆い被さる行為が，犯行を著しく困難にする程度の有形力の行使であるとは認めがたく，被告人は，被害者が拒否的な態度を示しつつも，最終的には大きな抵抗もないことから，自己との性交を消極的ながら受け入れていたと誤診していた疑いは払拭できない。

191

● 執筆者紹介 ●

角田由紀子（つのだ・ゆきこ）
　　弁護士（第二東京弁護士会所属）
　　1967年　東京大学文学部卒業
　　〈主要著作〉「性の法律学」（有斐閣選書，1991年）「性差別と暴力」（有斐閣選書，2001年）「性と法律」（岩波新書，2013年）など

吉田　容子（よしだ・ようこ）
　　弁護士（京都弁護士会所属），立命館大学法科大学院教授
　　1982年　東北大学法学部卒業
　　〈主要著作〉「人身取引——防止の観点から」ジェンダー法学会編「講座ジェンダーと法第3巻　暴力からの解放」（日本加除出版，2012年），「日本における性犯罪の被害実情と処罰にかかわる問題」日本刑法学会「刑法雑誌」54巻1号（有斐閣，2014年），「弁護士へのジェンダー教育」浅倉むつ子責任編集「ジェンダー法研究創刊第1号」（信山社，2014年）

宮地　尚子（みやじ・なおこ）
　　一橋大学大学院社会学研究科地球社会研究専攻・教授。精神科医師。
　　1986年京都府立医科大学卒業。1993年同大学院修了。医学博士。1989年から1992年，ハーバード大学医学部社会医学教室および法学部人権講座に客員研究員として留学，1993年より近畿大学医学部衛生学教室勤務を経て，2001年より一橋大学大学院社会学研究科地球社会研究専攻・助教授，2006年より教授，現在に至る。
　　〈主要著作〉『トラウマ』（岩波書店，2013），『震災トラウマと復興ストレス』（岩波ブックレット，2011），『性的支配と歴史——植民地主義から民族浄化まで』（大月書店，編著，2008），『医療現場におけるDV被害者への対応ハンドブック——医師および医療関係者のために』（明石書店，編著，2008），『環状島＝トラウマの地政学』（みすず書房，2007），『トラウマの医療人類学』（みすず書房，2005）

田中嘉寿子（たなか・かずこ）
　　大阪高等検察庁検事（43期）
　　京都大学法学部卒
　　〈主要著作〉『性犯罪・児童虐待捜査ハンドブック』（立花書房，2014年）

神山　千之（かみやま・ちゆき）
　　元さいたま地方裁判所川越支部判事
　　明治大学大学院法学研究科博士前期課程修了（法学修士）
　　〈主要著作〉「専ら検挙されるためにした財物奪取行為と窃盗罪における不法領得の意思」（判例タイムズ1336号，2011年），「合意による性交と強姦の境」（刑事法ジャーナル27号，2011年），「強姦事件の審理における被害者の供述の取扱い——事実認定と訴

訟指揮」（刑事法ジャーナル 30 号，2011 年）

齊藤　豊治（さいとう・とよじ）
　甲南大学名誉教授，弁護士（大阪弁護士会所属）
　1965 年京都大学法学部卒，1969 年同大学院法学研究科中退，法学部助手，1970 年甲南大学講師，1978 年同教授。2001 年東北大学大学院法学研究科教授，2006 年同定年退職・大阪経済大学教授。2008 年大阪商業大学教授，2013 年同定年退職。元刑法学会常務理事，元日本犯罪社会学会常任理事，第 16 回国際犯罪学会世界大会実行委員会副委員長。2007 年弁護士登録。
　〈主要著作〉性暴力に関するものとして，「性暴力犯罪の保護法益」セクシュアリティと法（共編）（東北大学出版会，2006 年 3 月），「ジェンダーと刑罰論」（法律時報 78 巻 3 号，2006 年），「アメリカにおける性刑法の改革」（大阪商業大学論集 151＝152 合併号，2009 年），「性暴力と刑事司法」（大阪弁護士会人権擁護委員会性暴力被害検討プロジェクトチーム編，信山社，2014 年）。

南野　佳代（みなみの・かよ）
　京都女子大学法学部教授。
　1998 年京都大学大学院法学研究科博士後期課程退学，京都大学法学部助手。2000 年京都女子大学現代社会学部専任講師。同助教授，准教授を経て 2011 年より現職。
　〈主要著作〉『法曹継続教育の国際比較——ジェンダーで問う司法』（編著，日本加除出版，2012 年），Gender and Judging（共著，Hart Publishing，2013 年）

宮村　啓太（みやむら・けいた）
　東京大学大学院法学政治学研究科法曹養成専攻客員准教授，早稲田大学大学院法務研究科非常勤講師。
　2001 年中央大学法学部法律学科卒業。2002 年弁護士登録（第二東京弁護士会）。
　〈主要著作〉『事例に学ぶ刑事弁護入門　弁護方針完結の思考と実務』（民事法研究会，2012 年 10 月）

性暴力被害の実態と刑事裁判

2015（平成27）年9月30日　第1版第1刷発行
8692-2 P212　￥2000E：012-010-002

著　者	日本弁護士連合会両性の平等に関する委員会
編集代表	角田由紀子
発行者	今井 貴　稲葉文子
発行所	株式会社 信山社

総合監理／編集第2部

〒113-0033　東京都文京区本郷 6-2-9-102
Tel 03-3818-1019　Fax 03-3818-0344
henshu@shinzansha.co.jp
笠間才木支店　〒309-1611　茨城県笠間市笠間 515-3
Tel 0296-71-9081　Fax 0296-71-9082
笠間来栖支店　〒309-1625　茨城県笠間市来栖 2345-1
Tel 0296-71-0215　Fax 0296-72-5410
出版契約 No.2015-8692-2-01011　Printed in Japan

Ⓒ著者, 2015　印刷・製本／ワイズ書籍M・渋谷文泉閣
ISBN978-4-7972-8692-2 C3332　分類50-326.003
8692-2-01011：012-010-002

JCOPY 〈(社)出版者著作権管理機構 委託出版物〉

本書の無断複写は著作権法上での例外を除き禁じられています。複写される場合は、そのつど事前に、(社)出版者著作権管理機構（電話03-3513-6969、FAX 03-3513-6979、e-mail: info@jcopy.or.jp）の許諾を得てください。

森美術館問題と性暴力表現
ポルノ被害と性暴力を考える会 編

性暴力と刑事司法
大阪弁護士会人権擁護委員会性暴力被害検討プロジェクトチーム 編

山下泰子・辻村みよ子・浅倉むつ子・二宮周平・戒能民江 編集

ジェンダー六法
学習・実務に必携のジェンダー法令集
待望の第2版!!

★国際裁判事例・判例等の解説62件を加え、より使いやすくアップデートした最新の【第2版】が待望の登場!!（法令など171件、総項目233件）★

通常入手しにくいものも収録し、ジェンダー法へのアクセスに最適。最前線で活躍する編者・編集協力者によるコンパクトで類を見ない待望の法令集。学生からプロフェッショナルの利用までカバー。

戒能民江 編 ◎女性支援の新しい展望への構想
危機をのりこえる女たち
A5変・並・324頁 3200円

辻村みよ子 著 ◎『ジェンダーと法』に続く最新の講義テキスト
概説 ジェンダーと法
A5変・並・232頁 2000円

浅倉むつ子・角田由紀子 編 ◎ジェンダー視点から国内外判例を学ぶ
比較判例ジェンダー法
A5変・上・344頁 3200円

林 陽子 編著 ◎国際社会の法的センシビリティー
女性差別撤廃条約と私たち
四六変・並・200頁 1800円

谷口洋幸・齊藤笑美子・大島梨沙 編著
◎法的視点から、国内外の事例を紹介・解説
性的マイノリティ判例解説
B5判・並・264頁 3800円

◆**フランスの憲法判例**
　フランス憲法判例研究会 編　辻村みよ子編集代表
・フランス憲法院（1958～2001年）の重要判例67件を、体系的に整理・配列して理論的に解説。フランス憲法研究の基本文献として最適な一冊。

◆**フランスの憲法判例Ⅱ**
　フランス憲法判例研究会 編　辻村みよ子編集代表
・政治的機関から裁判的機関へと揺れ動くフランス憲法院の代表的な判例を体系的に分類して収録。『フランスの憲法判例』刊行以降に出された DC判決のみならず、2008年憲法改正により導入された QPC（合憲性優先問題）判決をもあわせて掲載。

女性に対する暴力に関する立法ハンドブック
国連 経済社会局 女性の地位向上部 著
特定非営利活動法人 ヒューマンライツ・ナウ 編訳

◆ **ジェンダー法研究　創刊第1号**　浅倉むつ子責任編集
〈特集：ジェンダー法教育と司法〉

1　「法の世界」におけるジェンダー主流化の課題〔浅倉むつ子〕／2　ジェンダーとロースクール教育〔二宮周平〕／3　法曹継続教育とジェンダー〔南野佳代〕／4　大学教育におけるジェンダー法学教育の現状と課題〔三成美保〕／5　弁護士へのジェンダー教育〔吉田容子〕／6　「ジェンダーと法」を教えて―明治大学法科大学院での経験から〔角田由紀子〕／7　婚外子差別と裁判・立法・行政〔吉田克己〕

信山社